岗位技能培训手册系列

物业管理人员岗位

培训手册

—

弗布克培训运营中心
编著

U0314465

 化学工业出版社

·北京·

内容简介

　　《物业管理人员岗位培训手册》是一本"拿来即用"的培训手册。"拿来即学""拿来即参""拿来即改""拿来即查"是本书的特色。简洁精练的语言与新颖翔实的内容是本书的主要特点，让读者掌握技能与学会解决问题是本书的目标，让物业管理人员对管理工作由入门到精通是本书的主旨。

　　本书通过流程、步骤、表单、制度、方案、规程、报告、细则、预案、办法等将物业管理工作逐一细化，涵盖了物业市场开发管理、物业运维服务管理、物业环境管理、公共秩序与安全管理、客户服务管理、物业公共关系管理、物业资产管理、供应商管理、物业质量与风险管理、物业行政与综合管理等内容，让培训者一学就会、一做就对。

　　本书适合物业管理人员、物业管理培训人员、物业培训咨询机构工作人员等与物业相关从业者阅读和使用。

图书在版编目(CIP)数据

物业管理人员岗位培训手册/弗布克培训运营中心编著. —北京：化学工业出版社，2023. 4
（岗位技能培训手册系列）
ISBN 978-7-122-42870-7

Ⅰ. ①物… Ⅱ. ①弗… Ⅲ. ①物业管理-岗位培训-技术手册 Ⅳ. ①F293. 347

中国国家版本馆 CIP 数据核字 (2023) 第 054731 号

责任编辑：王淑燕
责任校对：王　静
装帧设计：史利平

出版发行：化学工业出版社
　　　　　（北京市东城区青年湖南街 13 号　邮政编码 100011）
印　　装：大厂聚鑫印刷有限责任公司
710mm×1000mm　1/16　印张 11¾　字数 210 千字
2023 年 8 月北京第 1 版第 1 次印刷

购书咨询：010-64518888
售后服务：010-64518899
网　　址：http://www.cip.com.cn
凡购买本书，如有缺损质量问题，本社销售中心负责调换。

定　　价：69. 00 元

　　"十四五"时期，中国大力实施"技能中国行动"，健全技能人才培养、使用、评价、激励制度，健全"技能中国"政策制度体系和实施"技能提升""技能强企""技能激励""技能合作"四大行动。

　　技能是立业之本。在"技能提升"和"技能强企"行动中，每个企业的每个岗位人员，都需要不断强化岗位技能，提升工作能力，为企业创造价值贡献力量。为此，基于岗位，立足业务，面向管理，我们推出了这套"岗位技能培训手册系列"图书。

　　我们将业务内容和管理目标都细化为流程、步骤、制度、方案、规程、报告、细则、预案、办法等，以达到"拿来即学""拿来即参""拿来即改""拿来即查"的目的，从而达成"拿来即用"的目标。

　　《物业管理人员岗位培训手册》是此系列图书中的一本。通过方案、制度、流程、方法、步骤、问题，将物业管理人员的工作逐项展开，涵盖了物业市场开发管理、物业运维服务管理、物业环境管理、公共秩序与安全管理、客户服务管理、物业公共关系管理、物业资产管理、供应商管理、物业质量与风险管理、物业行政与综合管理等物业管理人员工作的全部内容。

　　本书讲解了物业管理人员10大工作事项，通过流程、步骤、制度、报告、细则、方法等具体内容予以体现，同时为物业管理人员提供了大量可以参照的管理模板、业务模板，读者可以根据自己企业的业务情况和管理情况，参考、参照、借鉴，制定出自己企业的管理规范。

　　本书针对每一项工作，给出了详细的介绍。讲方法，说技巧，设计流程，撰写制度，给出方案。针对每一项具体的工作，读者可以"拿来即查"，学习业务，提升管理，解决问题。

"拿来即学""拿来即参""拿来即改""拿来即查"，这样的内容设计，可以让读者很快掌握岗位工作的方法、技巧，并快速应用到自己的岗位工作和管理业务上去，这是一本物业管理人员"拿来即用"的培训手册。

为了便于物业管理人员培训之用，本书附带了电子课件。本书的电子课件可免费提供给采用本书作为培训教材的教师使用，如有需要请联系：357396103@qq.com，欢迎广大读者提出宝贵意见，以供改正。

弗布克培训运营中心
2022 年 10 月

目录

第8章　供应商管理　　134

第9章　物业质量与风险管理　　146

第 *10* 章 物业行政与综合管理 　160

第 **1** 章

物业市场开发管理

随着物业管理市场的不断发展和成熟，市场竞争日益激烈化，物业管理的发展由初级阶段进入快速成长阶段。物业管理公司在开展物业市场开发的工作中，不能照搬以往收集信息的方法，而是要创新收集市场信息的手段，在复杂的市场环境中收集到全面的市场信息。

1.1.1 物业市场调查与报告

物业市场调查是市场开发的准备环节，市场开发部首先通过全方位地收集市场信息，对市场信息进行整理、统计和分析，然后总结出全面且细致的调查结果和报告，最后根据调查中得到的市场信息，对目标市场进行开发。

物业市场调查工作流程如图 1-1 所示。

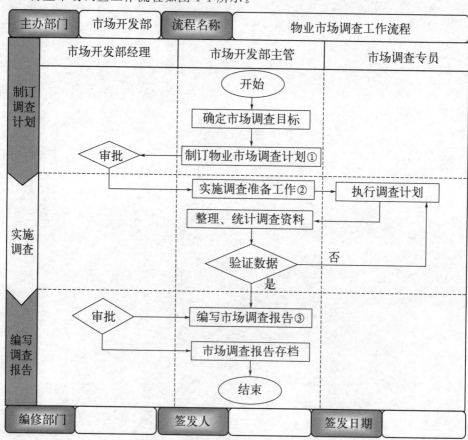

图 1-1　物业市场调查工作流程

物业市场调查工作流程中的关键节点说明如表 1-1 所示。

表 1-1   物业市场调查工作流程中的关键节点说明

关键节点	相关说明
①	市场开发部主管根据调查目标制订调查计划,报市场开发部经理审批
②	市场开发部主管实施调查准备工作,包括调查方案的设计、人员安排、时间地点的确定等
③	市场开发部主管依照整理统计后的调查资料编写市场调查报告

在对收集的资料进行整理、分析和统计之后,就进入撰写市场调查报告的阶段,市场调查报告是对市场开发的内容、方法和结果等板块进行的书面总结。下面是物业市场调查报告,供参考。

报告名称	物业市场调查报告	编　　号	
		受控状态	

×××总经理:

现将我公司本年度物业市场调查情况汇报如下,请审查。

一、前言

(一)调查背景及目的

伴随着物业管理行业进入白热化的竞争阶段,如何在激烈的竞争中立于不败之地,是每个独立物业管理公司应思考的问题。我公司作为独立物业管理公司,在市场开发和提高盈利水平方面仍有不足之处,在新形势下,只有进行全方位的物业市场调查,才能找到更多市场开发的方向,制订科学完善的市场开发计划,从而提高自我竞争力,实现盈利目标。

(二)调查对象及目标

1. 对象一:房地产开发商(无下属物业管理公司),调查其合作意愿和招标要求等信息。

2. 对象二:房地产开发商自有物业管理公司,调查其经营情况和服务水平,获取合作意愿。

3. 对象三:友好同行(独立物业管理公司),调查其经营情况和服务水平,获取战略合作意愿。

4. 对象四:居民区自管物业,调查其管理情况和服务水平,获取进驻合作意愿。

5. 对象五:农村市场和国际市场,调查其物业管理服务需求情况,从拓展区域进行市场开发。

(三)调查范围

1. ×××市区及城乡接合部地区。

2. 调查对象中的五类目标客户群。

(四)调查方法

本方案中主要采用网络调查法、实地调查法和问卷调查法。

1. 网络调查法。主要通过网络收集开发商招标信息和市场环境信息。

2. 实地调查法。与客户约好后对客户进行走访调查,实地考察有物业管理需求的农村市场。

3. 问卷调查法。邀请五类调查对象所服务的业主填写关于物业管理服务满意度和需求情况的问卷。

(五)调查内容

1. 房地产开发商的资质和资历、已开发和未开发项目的数量、项目质量、品牌知名度等。

2. 独立或非独立物业管理公司的物业管理项目规模、项目质量、服务水平、管理情况等。

3. 各调查对象所在区域业主的收入水平、文化水平、安全需求、环境需求、服务需求等。

二、摘要

随着×××市的不断发展,居民收入水平的不断提高,业主和房地产开发商对高水平物业管理服务的需求愈发旺盛。与此同时,大多数房地产开发商下属的物业管理公司面临服务质量难以提升和亏损的问题,这逐渐成为房地产开发商的负担。

一定程度上可以看出×××市的物业管理市场前景比较好,以我公司为代表的独立物业管理公司在该城市的物业管理市场开发上大有可为,可具体怎样开发,需要进行全面的市场调查后才能制定有针对性的开发方案。

三、目录

(略。)

四、正文

(一)调查目标的详细解释和调查意义

1. 近些年,我国政府相继出台了一系列调控房地产市场的政策,抑制了房地产行业发展过快的势头,资本进入该行业的速度放缓并趋于理性,房价也因此趋于稳定,房地产开发商为了追求精细化的成本管控,可能会裁减自身旗下盈利能力不强甚至亏损的物业管理业务,寻求与专业的第三方物业管理公司合作。所以,有必要对新形势下房地产开发商的管理需求和合作意愿进行调查,以得到具体且量化的调查结果。

2. 房地产开发商自有的物业管理公司亦是一个不可忽略的群体,随着其各方面管理成本的不断上升,自身专业化管理能力难以提升,出现经营管理亏损的状况,逐步成为房地产开发商的累赘。部分房地产开发商出售物业管理业务的意向也更加明确,其下属物业管理公司也会为了自身的生存和发展,选择与专业的独立物业管理公司进行合作,甚至希望其被专业物业管理公司收购。所以有必要调查房地产开发商和其下属的物业管理公司的亏损原因、合作意愿和经营管理等情况。

3. 有竞争就会有合作,同行间高效的战略合作往往能够整合资源,提高资源配置效率,从而降低运营成本,提高竞争力。所以,以达成战略合作为最终目的,调查友好的同行物业管理公司的各方面经营管理情况是十分有必要的。

4. 自管物业是近些年业主和物业管理公司矛盾激化的一个产物。遵循全面市场调查的原则,有必要对其进行调查和研究,探究其产生的根源、发展的状况以及面临的困境,判断其是否可作为潜在市场进行开发。

5.随着经济社会的发展和国家乡村振兴战略的实施,城乡人均收入差距在不断缩小,城乡二元化的现象不断被改变,一些城乡接合部地区势必会产生物业管理服务的需求,通过调查得到量化的需求结果有利于我公司制定完备的市场开发方案。

(二)调查结果

调查结果可以说明×××市物业市场高度成熟且发展前景广阔,下面选择一些关键调查数据进行描述。

1.结果显示×%的房地产开发商有意愿选择与独立的物业管理公司进行合作,其中×%的房地产开发商有和我公司合作的意愿;×%的房地产开发商自有的物业管理公司(以下简称非独立物业管理公司)面临亏损困境,×%的非独立物业管理公司有与我公司合作的意愿;×%的非独立物业管理公司有被我公司收购的意愿;×%的独立物业管理公司有和我公司达成战略合作的意愿。

2.结果显示×%的业主对非独立物业管理公司的物业服务水平持满意态度,×%的业主对独立物业管理公司服务水平持满意态度。我公司所服务的楼盘中,×%的业主对我公司物业管理服务水平持满意态度,×%则持不满意态度。

3.结果显示×%的自管物业居民区有专业化物业管理服务的需求,×%的农村地区居民对物业管理服务有需求意愿。

(三)暴露的问题

我公司是×××市规模第二大的独立物业管理公司,在近些年的服务中,逐渐积累了口碑,有了一定的品牌影响力,但是也暴露出一些问题。

1.市场开发方向过度单一化。

2.市场开发力度不够。

3.服务质量有待进一步提高。

(四)问题解决对策

通过对这次的市场调查结果进行整理、统计和分析后,正好可以为我公司解决以上问题指明方向。

1.对策一。关于市场开发方向过度单一化这一问题,以往我公司在市场开发上往往局限于关注房地产开发商发布的招标信息和获取非独立物业管理公司的合作意愿这两个方面。而这次的市场开发调查表明,我公司应改变思路,在继续深耕调查对象一和对象二中所述市场的同时,应针对对象三、对象四和对象五中所述市场,成立专门的市场开发小组,对这些市场进行进一步的调查和发掘,以制定出最终的市场开发方案。

2.对策二。针对市场开发力度不够这一问题,可以与房地产开发商寻求更深层次的合作。如可在其开发楼盘时事前达成战略合作,与其签订合同,共同成立物业管理公司,获取其楼盘的前期独家物业管理入驻权,从前期就介入楼盘开发,有利于降低后期的运维管理成本。

3.对策三。针对调查中有×%的业主对我公司管理服务不满意的情况,应立即上报总经理,协同其他部门对问题进行解决,如紧急成立回访小组对不满意原因进行深层次调查和挖掘,督查部门迅速开展督查,全公司各部门进行互检互查,各部门内部进行自查自纠,毕竟服务水平是影响物业管理公司竞争力的核心因素。

五、建议

1. 我公司可根据公司整体的发展目标把市场开发分为前期、中期和后期三个阶段。具体做法是把对象一中所述市场作为公司前期重点开发的项目,把对象二和对象三中所述市场作为公司中期重点开发的项目,把对象四和对象五中所述市场作为公司后期重点开发的项目。同时要注意跟进保密措施,以防被竞争对手获取我公司具体动向,造成不必要的市场份额损失。按前文对策一中所述,我公司可围绕拓展市场横向宽度这点进行思考并迅速制定新的市场开发方案,把该方案归入中期目标阶段中,力争用3~4年增加×%的市场份额。

2. 按前文对策二中所述,我公司不仅要密切关注房地产开发商发布的招标信息和制定的投标方案,还要以前期目标为基础,围绕拓展市场纵向深度目标,制定战略合作层面的方案,两年内与和我公司有合作意愿的多数房地产开发商达成独家战略合作。值得一提的是,我公司这一阶段的发展目标是上市,所以必须稳字当头,不可急功近利、好高骛远。在制定任何方案之前一定要多次调研,多方论证,统筹全局,抓住主要矛盾,以制度化、流程化和精细化为原则进行制定。最终,通过试点找出问题,完善方案,再进行全方位的推广。

3. 围绕前文对策三中服务水平是影响物业管理公司竞争力的核心因素这一观点,全公司应狠抓服务工作,从上至下可以从公司使命、公司目标、公司宗旨、公司制度,以及公司文化上下功夫,紧紧围绕"服务"这一关键词进行融会贯通,使得"服务至上"的宗旨内化于心,外化于行。从下至上可以围绕各基层岗位的工作制度、工作方案和工作流程等规定,检查其是否符合人性化、灵活化和高效化等要求,并针对其中暴露出的问题迅速制定解决方案。

×××(报告人/部门)

××××年××月××日

编写人员		指导人员	
主送部门		抄送部门	
报告意见			

1.1.2　建立物业市场信息库

物业市场信息库是一个用于存储物业市场调查专员调查得到的大量市场信息和数据的工具。此处需要强调的是,为了能够对信息进行高效的搜索,物业市场信息库的建立需要运用较新的信息处理和存储技术。物业市场信息库建立流程如图1-2所示。

物业市场信息库建立流程中的关键节点说明如表1-2所示。

流程名称	物业市场信息库建立流程	编　　号	
任务概要	物业市场信息库的建立	执行单位	市场开发部

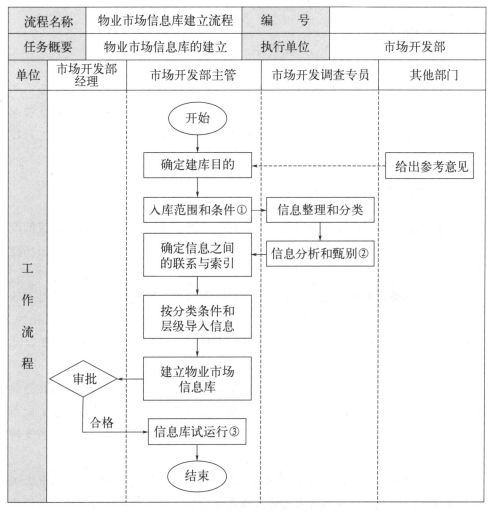

图 1-2　物业市场信息库建立流程

表 1-2　物业市场信息库建立流程中的关键节点说明

关键节点	相关说明
①	市场开发部主管以市场开发为导向确定建库的目的、入库范围和条件
②	市场开发调查专员按照入库范围和条件对所收集的信息按时效性、准确性和可靠性的原则进行初步的信息分析和甄选
③	市场开发部主管通过试运行信息库确立物业市场信息库的系统维护和信息更新机制

1.2

物业市场开发

市场开发是指物业公司通过采用一定的手段和方法打开市场，提高本公司产品的市场占有率，增加产品销量和产品收入，从而提高公司经济效益。物业管理公司的市场开发则是围绕同行业、房地产开发行业和房地产开发的各环节进行投标以便开发市场。

1.2.1 确定物业开发项目

当物业管理公司良好的发展势头受到自身体量限制时，便需要进行相应的市场开发工作，选择合适的项目，以提高市场占有率为导向，从而实现增强市场竞争力的目标。

根据"市场开发调查报告"中的观点，物业公司当前的市场开发主要是实现短期目标：获取更多房地产开发商发布的招标信息，并拟定投标项目工作计划。在围绕投标项目进行市场开发时，可按照以下项目选择标准进行分析和评估，从而准确判断该项目是否适合开发。

（1）项目匹配性。从公司战略角度出发，考虑该项目的投标开发是否在公司战略规划之内，其是否处在公司前期目标中，公司的项目资金以及融资能力能否支持该投标项目的开发，公司的人力、管理以及资源配置能力等各方面能否支持投标项目成功后的后续运行等。

（2）项目实施可行性。以项目风险管理为中心，从政治法律风险、市场风险、技术风险、金融风险等各方面进行推算和预估，对各类风险提出相应的解决方案，从而最大限度地降低甚至消除目的与结果之间的不确定性，最好是能够量化这种不确定性，并设计参考值，如果不能降低或消除这种不确定性，则需要立即上报相关领导，并建议取消对该项目的市场开发活动，也就是取消投标活动。

（3）项目可盈利性。一般而言，公司的根本目的是盈利，在合法合规的大前提下，一切的项目活动都要以实现盈利为前提。在进行投标项目之前，可从项目投资回报率、盈利周期以及盈利能力稳定性三个方面进行盈利能力的评估和预测。具体操作上，可寻求公司财务部的帮助，估算不同投标项目的年均利润和投资总额，两者之商则为投资回报率；盈利周期可以公司发展的前期目标作为参照，判断它们能否在前期目标中实现盈利，以为中后期的项目开发目标提供资金支持；通过专业计算后，量化不同投标项目的盈利能力稳定性。最后，综合三方

物业管理人员岗位培训手册
008

面结果，选择盈利状况最好的投标项目进行开发。

（4）项目核心竞争力。项目核心竞争力是项目能持续进行并获得高额利润的重要保障之一。公司在选择投标项目时，应优先以自身具备的核心竞争力为导向，选择最符合公司实际的项目。核心竞争力包括多种形式，比如优质低价的服务、新颖的盈利模式、良好的商誉、精细化的管理制度、其他公司难以复制的资源等。

（5）市场开发部整体团队素质的高低是影响市场开发能否成功的重要因素，在投标项目管理中则需要项目开发部主管和项目投标专员具备表 1-3 中所述的特征。

表 1-3　项目团队特征及描述

团队特征	详细描述
团队结构	团队结构是否健全、团队成员间是否有明确的职责划分、管理体系和制度是否规范、团队成员间是否能形成完整且有效的互补
团队能力	团队是否有分析和合理配置自己所掌握资源的能力、能否运用所掌握的资源去完成项目运行中的各项任务、能否顺利解决项目运行中存在的各种问题
团队素养	团队是否具有良好的职业素养、是否具有艰苦奋斗的精神、是否具有很强的责任心和事业心、是否具有广阔的胸怀去容纳他人、是否具备创新思维、是否能根据项目发展不断调整和提高自己

1.2.2　物业项目投标

投标准备主要位于整个投标流程的中心环节，当物业公司向房地产开发商或业主委员会提交的投标资质文件通过审查后，便可以针对该项目进行投标五个步骤的准备。

第一步，明确各管理岗位的职责，如表 1-4 所示。

表 1-4　各管理岗位名称和职责

岗位名称	具体职责
公司总经理	负责对物业项目投标工作进行全面监督与管理，及时处理项目投标过程中出现的各类重大问题
项目开发部经理	组织收集物业项目各方面资料、审核项目投标标书及投标文件、组织接待招标单位及开发商和对物业投标项目的实地考察等
项目开发部主管	负责编制投标标书及投标文件、参加开标会议并进行现场答辩等
项目投标专员	负责收集物业投标项目的各类信息，包括物业项目信息、本公司的资源信息、竞争对手的综合实力信息等

第二步，投标专员准备投标所需资料，如本公司物业管理的资质文件、营业执照副本的复印件、本公司以往成功物业管理项目图片及管理项目介绍、本公司以往物业管理项目获得的荣誉证书、物业项目主要负责人简介以及物业项目的投标标书等。

第三步，编制投标标书及投标文件是投标准备的关键环节，结合当下物业管理市场对制度、管理、技术等方面的需求，以创新性为原则进行编制，编制要求如图 1-3 所示。

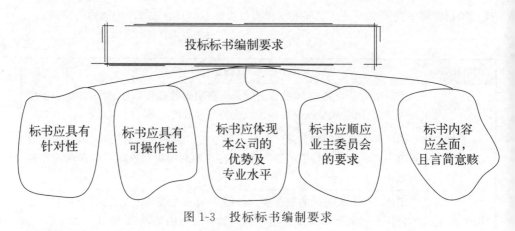

图 1-3　投标标书编制要求

第四步，做好项目投标及实施管理的相关工作准备，具体如表 1-5 所示。

表 1-5　项目投标实施管理事项名称和具体要求

事项名称	具体要求
参加招标会议	项目开发部应随时关注招标单位的工作动态，在招标单位规定的时间内投递物业项目投标书，并按照招标单位通知的时间参加招标会议，确认投标结果
参观考察接待	开标工作结束后，如我公司成为待选中标单位，项目开发部应做好接待准备工作，以迎接招标单位组织的相关单位及专家对我公司进行实地考察；如我单位未成为待选中标单位，项目开发部应组织相关人员投入新的投标项目中
准备现场答辩	现场答辩工作由项目开发部主管进行，其在答辩前应分析考察组可能提出的问题，制定答案提纲，对竞争对手进行深入调查分析，充分了解其优势，先对比各方的优劣势，再进行答辩模拟训练，最后发现并纠正在训练汇总中遇到的问题

第五步，无论是否中标，都需要进行相应的准备，若招标单位确定我公司为中标单位，我公司的项目开发部经理应负责与招标单位签订相关合同。在签订合

同时，项目开发部经理应做好以下工作事项。

（1）对合同签订对方的资格进行进一步审查。

（2）应以书面形式订立合同。

（3）与对方做好合同谈判工作，以便争取对本公司有益的条款。

（4）合同的具体条款说明应准确、清楚、完整。

投标洽谈培训主体主要是市场开发部主管，表1-6为其投标洽谈中需要注意的细节处理。

表1-6　投标洽谈中需要注意的细节处理

时间顺序	细节名称	细节处理
洽谈前	目标细节	以目标作为各环节洽谈工作的导向,包括主要目标、次要目标和最低目标。明确本次洽谈的主题及主要内容,明确该准备什么材料、遵循哪些原则、采取什么话术等,以实现该环节与目标客户的完美交流
	洽谈人员和议程安排	明确此次洽谈的人员安排,洽谈的时间、地点及具体日程安排
	洽谈策略	事前制定有效的洽谈策略,确保洽谈目标的顺利实现
洽谈中	洽谈形势分析	重点分析洽谈双方的优势和劣势,分析我方在洽谈过程中的地位,判断洽谈形势
	洽谈注意事项	明确在业务洽谈过程中常出现的问题和具体的注意事项,如洽谈人员的行为举止、说话方式,注意掌握谈判技巧,把握谈判进程和谈判的整体节奏
	洽谈礼仪细节	洽谈人员在洽谈过程中应注意相应的礼仪,保持仪容仪表的完美,使自己的声音动听且富有感染力,适当具有幽默感,多利用视觉感官,提升自信,加深目标客户或评委对自己以及公司的印象

第2章

物业运维服务管理

2.1
早期介入

传统意义上来说，物业管理公司往往是在房地产开发商的交房验收工作完成后，才对房产接手管理，这通常导致物业管理公司在后续管理工作中需要耗费大量的时间和精力来处理房地产开发商建设过程中的遗留问题。于是，物业运维服务管理的早期介入就显得尤为重要。

2.1.1 早期介入项目策划方案

物业管理的早期介入是指物业管理公司在房地产项目交付业主之前就参与到房地产开发的各个阶段中，从物业管理的角度出发，提出各方面的合理化意见，确保接管之后物业管理工作能顺利开展，减少房产建成后给房地产开发商、物业管理公司、业主之间带来不必要的矛盾和纠纷。

制定早期介入项目策划方案，确保早期介入工作顺利进行，为后期的物业管理奠定良好基础。以下是早期介入项目策划方案的示例，供参考。

方案名称	早期介入项目策划方案	编　号	
		受控状态	

一、目的

1. 从业主和物业管理的角度提出有关完善设计细节的意见，避免设计缺陷给接管后的物业管理工作带来不必要的麻烦。

2. 通过对施工过程的监察，能够及时发现施工中的问题，督促整改解决。

3. 熟悉施工情况及设备安装调试情况，有利于日后物业管理中的养护及维修工作顺利开展。

二、服务内容

物业管理的早期介入按照项目进程可分为以下几个阶段：设计阶段介入、施工阶段介入、营销阶段介入、验收阶段介入。

三、工作步骤

1. 成立早期介入工作小组。早期介入工作小组可细分为领导小组、评估小组、介入小组和验收小组，各小组工作人员应具备丰富的物业工程管理经验和服务经验。施工现场环境较为复杂，因此介入工作人员也应具备一定的现场施工经验，才能确保介入过程中自身的安全。

2. 评估小组对项目进行评估。房地产开发商在项目启动前将相关开发资料交予物业管理公司，然后由评估小组对所提交资料进行评估并对项目进行实地考察，之后编写"项目设计早期介入评估报告"。报告中应明确列出介入期间所需的早期介入管理服务费，经领导小组审核通过后，将评估报告反馈至房地产开发商处，双方确定可行性后，开始启动介入服务。

3.制订工作计划,实施早期介入服务。由评估小组制订好早期介入服务工作计划,编制早期介入工作计划表,明确好早期介入服务各阶段的具体工作内容和责任部门,并交由领导小组审核确认后,下发至介入小组,介入小组按照工作计划表内容,严格落实执行,对项目进行的各阶段实施全面的现场介入服务。

四、具体实施方案

(一)设计阶段介入

1.参加设计单位的项目启动会,获取设计总说明、规划图、设计图纸(包括平面图、立面图、透视图)、结构设计说明书、给排水设计说明书、电气设计说明书、弱电设计说明书、采暖通风空调设计说明书、交通信息、绿化分析报告等。

2.介入小组将设计图带回后,对各设计图进行全面的剖析,对设计图中不合理、有缺陷、不便于后期物业管理和维护的细节做出标记,编写"×××物业管理公司早期介入小组对×××设计图的修改意见",交由领导小组审核。

3.将审核通过后的修改意见提交给房地产开发商和项目设计单位,三方共同召开图纸的变更会议,讨论设计图纸中相关设计的变更细节,确定最终变更方案。

(二)施工阶段介入

1.施工阶段的介入,要求早期介入小组内的早期介入工程师在项目施工的各个阶段,亲自驻场,带领团队现场跟进施工进度,监督施工质量及施工用料,发现问题及时记录,便于提出后续物业管理的意见,及时与房地产开发商、施工方进行沟通解决。

2.建立物业管理公司早期介入小组现场施工工作情况记录台账,便于对施工现场发现的问题做好记录,并反馈到房地产开发商和施工方。及时召开项目现场的工作协调会,讨论解决方案,同时对存在的问题进行追踪处理。

3.对隐蔽工程及关键的设备安装,以及施工材料的选择,由早期介入小组进行重点把控,加强介入的力度,采取有效的措施,对各个环节实施连续的监控,避免施工中出现质量安全风险和减少施工中的瑕疵,提高施工质量,降低接管项目后物业管理公司后期的维护和维修成本。

(三)营销阶段介入

1.制定物业管理方案及相关管理制度,明确各项费用的收费标准及收费办法,并将物业管理方案及收费标准提交至项目开发商处。

2.拟定物业服务合同、临时管理规约、业主手册等,制定与物业管理相关的营销方案,加强对物业管理服务的宣传。

3.派出物业管理公司的服务人员,参与到房地产项目的销售现场,为其提供物业管理宣传的物料及相关宣传素材,同时为客户提供物业管理方面的咨询服务。

(四)验收阶段介入

1.早期介入工作小组参与到项目各验收环节,由工程部负责组织,总工程师负责监督指导。施工单位和物业管理公司早期介入工作小组配合工程部联合监理方,对项目进行现场验收。

2.重点对项目主体及配套设施,如停车场、小区道路,包括物业用房及配套设施设备等进行验收。对发现的问题进行记录,并从物业管理的专业角度提出整改建议。

3.参与项目的分户验收,站在业主的角度对施工方实施监督,对存在的质量问题进行拍照记录,并及时反馈到施工方。提出物业方面的整改意见,督促修复或整改,进一步减少由于开发遗留问题造成的后续物业管理纠纷。

五、注意事项

1. 早期介入工作小组的工作人员，必须是同时具备现场施工经验、物业管理经验的工程人员，熟悉电气、给排水、建筑等专业所涉及的系统知识，能从后期运营的风险角度对项目提出合理化建议，减少项目的瑕疵，降低物业接管后的返工成本。

2. 早期介入的工作人员，必须具备较强的对外、对内的协调及沟通能力，在介入过程中发现问题才能及时地向施工方及房地产开发商进行反馈，并共同商讨解决措施；同时，也应具备对突发事件的处理能力，能处理施工现场发生的突发情况并保证自身的人身安全。

3. 在验收过程中，早期介入的工作人员应严格按照制度规定的合格标准检查施工质量，不能自行降低标准，不能凭个人经验自定验收标准，更不能对存在的问题"睁一只眼，闭一只眼"，发现问题时坚持原则，及时提出并反馈，并督促整改。

六、附则

1. 本方案由工程管理部早期介入工作组负责编制、解释与修订。

2. 本方案自××××年××月××日起生效。

执行部门		监督部门		编修部门	
执行责任人		监督责任人		编修责任人	

2.1.2 早期介入问题处理

2.1.2.1 早期介入工作计划表

由于物业管理早期介入工作的涉及面广、开展时间长，早期介入工作必须有目标、有计划地开展，不能等到发现问题再去想解决办法，所以早期介入工作小组应当分阶段编制工作计划，按照计划推进工作。早期介入工作计划表如表 2-1 所示。

表 2-1　早期介入工作计划表

工作阶段	工作内容	责任人/责任部门	备注
设计阶段	查看配套设施是否完善，生活是否便利；检查设计中是否有居住小区的生活配套设施，如小区内休闲区、幼儿园、学校、商业区等，同时查看园林景观道路设计是否合理		
	查看停车场设计是否合理，车位数量是否充足，进出口设置是否便利，是否便于后续物业管理		
	检查垃圾站设置是否合理，物业管理公司接手后是否方便管理，以免出现矛盾与纠纷		

工作阶段	工作内容	责任人/责任部门	备注
设计阶段	检查消防设施的配套是否符合要求，消防设备的安装配置是否考虑到了消防死角		
	查看物业管理用房、设备用房等配套设施用房的位置和布局是否合理		
施工阶段	巡查工程施工进度和施工质量，重点查看土建结构、管线走向、设备安装等的合理性		
	查看给排水系统、强弱电系统、消防安保系统、空调系统、电梯设备等的建设，提出物业管理意见		
	检查隐蔽工程、配套工程的材料选择及施工质量，提出不利于后续管理及业主使用的问题		
	收集整理相关材料，存档备查，包括建筑、管线、机电设备等各系统图纸		
	对接管后需要维护及养护的重点设备、设施、管道检修口的预留位置进行记录		
营销阶段	开展市场调查，制定物业管理方案及相关管理制度，明确物业管理费收费标准并告知房地产开发商		
	拟定物业服务合同、临时管理规约、业主手册等，并制定物业营销方案		
	由物业管理专业人员进驻销售现场，配合销售人员宣传物业服务及提供物业相关的咨询服务		
验收阶段	对项目主体进行验收，包括主体结构、屋面、楼面是否存在裂缝或空壳，墙面地面是否平整		
	对给排水系统、强弱电系统、消防安保系统、空调系统、电梯设备等进行验收		
	对配套工程、公共区域、物业用房等配套设施进行验收		
	参与分户验收，对厨卫防水、空调机位下水排放等后续易发生邻里纠纷的问题进行重点查验		

2.1.2.2 早期介入的问题清单

通过对项目进行早期介入，物业管理公司往往能从项目进行的整个过程中发现一些造成后期物业管理不便的问题，对于发现的问题，早期介入小组的物业管理员应做到及时记录，并编制问题清单，及时反馈到施工单位和房地产开发商，共同协商处理方案。早期介入问题清单示例如表2-2所示。

表2-2 早期介入问题清单示例

序号	记录日期	存在问题描述	记录人
1	2020.2.18	物业用房的设计,距离业主生活区距离过远,不便管理	
2	2020.2.19	小区内园林景观设计过于复杂,小区内道路蜿蜒不便,可能导致后期业主为图方便从草地直接穿过,对景观造成破坏的风险	
3	2020.2.20	小区主道路多用透水混凝土砖铺设,使用寿命短,车辆碾压后易破碎,缝隙间容易积水溅到行人,也不便于后期管理	
4	2020.2.25	小区内没有设置清洁用水点,保洁员取水做清洁不便	
5	2020.2.26	停车场没有设置新能源车充电区域	
		垃圾中转站设置在停车场,车库长时间气味难闻,易生虫鼠	
		空调机位设置不合理,入住后使用空调会对楼下住户造成影响,易引起邻里纠纷	
6	2020.2.27	污水井的井口大多暴露在小区主道路上,易遭到车辆碾压破坏,对于小区业主来说有一定的安全隐患	
7	2021.5.20	楼顶防水处理不佳,出现渗水	
8	2021.5.30	楼板发现裂缝、鼓包	
9	2022.1.25	部分房屋出现下水不畅,考虑是否有管道堵塞	
10	2022.3.1	项目营销方案中对物业服务的宣传过于夸大,接管后难以落到实处,易引起业主的不满情绪	

2.1.2.3　问题解决与建议

早期介入工作小组要及时、定期地向房地产开发商反馈工程在各阶段存在的问题，提出整改意见，并编写书面意见提交至房地产开发商处，实现信息的有效沟通。意见反馈表如表 2-3 所示。

表 2-3　意见反馈表

标题	关于×××项目早期介入意见反馈表		
问题描述	（对发现的问题进行具体描述）		
整改意见	（提出整改意见）		
责任人/责任部门		发起时间	
审批人/审批部门		审批时间	
主送		抄送	

针对发现的问题，填写意见反馈表，相关责任人应按照图 2-1 所示的早期介入问题处理流程进行处理。

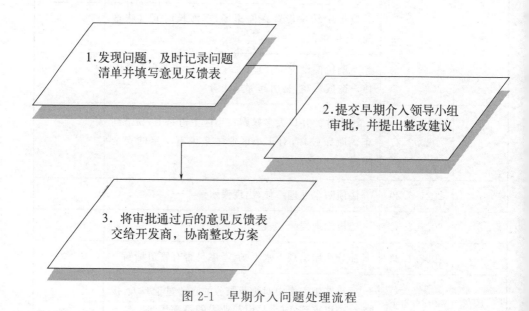

1.发现问题，及时记录问题清单并填写意见反馈表

2.提交早期介入领导小组审批，并提出整改建议

3.将审批通过后的意见反馈表交给开发商，协商整改方案

图 2-1　早期介入问题处理流程

2.2
接管验收

接管验收包括房管部门、物业管理公司、建设单位自身以及个人对物业的接管验收。物业管理公司的接管验收是指接管房地产开发商、建设单位或个人托管的新建房屋或者原有房屋等关于以主体结构安全和满足使用功能为主要内容的再检验。

2.2.1 物业承接查验

2.2.1.1 物业承接查验的概念和作用

物业承接查验，指承接新建物业前，物业管理公司和建设单位按照国家有关规定和前期物业服务合同的约定，共同对物业共用部位、共用设施设备进行检查和验收的活动。物业承接查验有利于提高项目的建设质量，完善公共设施，维护开发商、物业管理公司和业主的正当权益。

2.2.1.2 物业承接查验的原则和依据

（1）物业承接查验是一项专业性、综合性极强的工作，因此为了保证承接查验工作开展的标准化、规范化、效率化，查验小组成员应遵循诚实信用、客观公正、权责分明、保护业主共有财产的原则，不能自降标准，须对项目进行严格的查验。

（2）为确保物业承接查验工作有约可依、有据可查，物业承接查验工作应以如图 2-2 所示的物业承接查验的相关文件资料为主要依据，有序地开展。

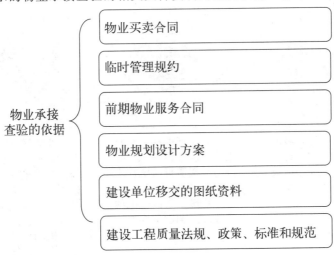

物业承接查验的依据
- 物业买卖合同
- 临时管理规约
- 前期物业服务合同
- 物业规划设计方案
- 建设单位移交的图纸资料
- 建设工程质量法规、政策、标准和规范

图 2-2　物业承接查验的依据

2.2.1.3 物业承接查验的条件

为确保物业硬件设施符合交付使用的条件，使物业管理公司顺利接手，同时规范物业承接查验行为，维护业主的合法权益，由中华人民共和国住房和城乡建设部印发的《物业承接查验办法》中明确规定，实施承接查验的物业应具备以下条件。

（1）建设工程竣工验收合格，取得规划、消防、环保等主管部门出具的认可或者准许使用文件，并经建设行政主管部门备案。

（2）供水、排水、供电、供气、供热、通信、公共照明、有线电视等市政公用设施设备按规划设计要求建成，供水、供电、供气、供热已安装独立计量表具。

（3）教育、邮政、医疗卫生、文化体育、环卫、社区服务等公共服务设施已按规划设计要求建成。

（4）道路、绿地和物业服务用房等公共配套设施按规划设计要求建成，并满足使用功能要求。

（5）电梯、二次供水、高压供电、消防设施、压力容器、电子监控系统等共用设施设备取得使用合格证书。

（6）物业使用、维护和管理的相关技术资料完整齐全。

（7）法律、法规规定的其他条件。

2.2.1.4 物业承接查验的主要内容

承接查验应当严格地对物业的公用部位、共用设备、共用设施进行现场检查和验收，并对查验现场的情况包括查验时间、项目名称、查验范围、查验方法、存在问题、修复情况等形成书面记录。其中，物业承接查验的内容如图 2-3 所示。

图 2-3 物业承接查验的内容

2.2.2 物业承接查验问题处理

承接查验的物业管理员，在查验过程中，对于发现的问题要及时记录，并形成问题清单，具体如表 2-4 所示，之后须及时将问题反馈到房地产开发商处，督促其进行整改，整改完成后办理查验手续。

表 2-4 物业承接查验问题清单

查验内容	问题描述	查验情况	责任人	查验时间
共用部位	地基基础沉降在国家技术规范的标准限额内			
	承重墙体、柱、梁无明显裂纹			
	钢筋混凝土构件无变形、开裂、倾斜			
	砖石结构刚度和强度达标、无裂纹			
	外墙无渗水、开裂或装饰砖脱落			
	地面平整无裂缝、无空鼓、脱皮			
	内墙面平整、无空鼓、剥落、裂缝、污渍、渗水			
	顶棚平整、无空鼓、裂缝、污渍、渗水			
	卫生间、厨房灌水 48 小时后无渗漏			
	门、窗把手牢固，开关灵活，无变形、破损			
	楼梯扶手、护栏安装牢固，无锈迹，平整无毛刺			
	楼梯间平整无污渍，楼梯无裂缝、无歪斜			
共用设备	供配电系统负荷试运行正常，照明系统正常			
	设备房、发电机房等达到移交标准			
	给排水系统达标，设备完成安装调试，运行正常			
	消防系统达标，设备完成安装调试，运行正常			
	电梯系统运行正常			
共用设施	绿化、景观符合设计要求，植物成活率达标			
	道路符合设计要求，施工质量达标			
	污水井、化粪池等无垃圾杂物，进排水通畅			
	健身、娱乐设施安装牢固，符合安全设计规范			

物业承接查验问题处理流程，如图 2-4 所示。

物业承接查验问题处理流程中的关键点说明如表 2-5 所示。

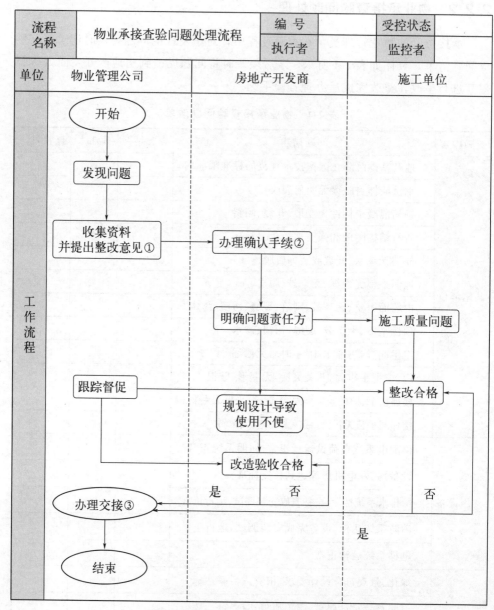

流程 名称	物业承接查验问题处理流程		编 号		受控状态	
			执行者		监控者	

单位	物业管理公司	房地产开发商	施工单位

图 2-4　物业承接查验问题处理流程

表 2-5　物业承接查验问题处理流程中的关键点说明

关键点	详细描述及说明
①	物业管理员在承接查验过程中对发现的问题及时记录在"物业查验记录表"中,将问题整理之后提出整改意见

关键点	详细描述及说明
②	将发现的问题及提出的整改意见以书面形式反馈至房地产开发商处,并同房地产开发商办理签字确认手续
③	整改合格后,即可签订服务协议,办理正式的交接手续

2.3

装饰装修管理

根据《中华人民共和国物业管理条例》第五十二条,业主需要装饰装修房屋的,应当事先告知物业服务企业。物业服务企业应当将房屋装饰装修中的禁止行为和注意事项告知业主。因此,物业管理公司在业主装饰装修期间做好物业管理工作,对日后的物业管理工作地开展有着重要意义。

2.3.1 办理装饰装修手续

装修手续办理流程如图 2-5 所示。

装修手续办理流程中的关键点说明如表 2-6 所示。

表 2-6 装修手续办理流程中的关键点说明

关键点	详细描述及说明
①	业主准备装修,到客户服务部填写装修申请表,客户服务部受理装修申请表
②	业主将装修设计图纸(水电路改造、墙体改造等)、施工人员资质证书等资料提交客户服务部进行审核
③	资料审核通过后,客户服务部与业主、装修公司共同签订《装修管理协议》和《装修施工保证书》,以明确三方的权利和义务
④	业主缴纳装修保证金、垃圾清运费后,为业主开具收据;在装修验收合格后,退还保证金,收回收据

2.3.2 装饰装修监管

根据《中华人民共和国民法典》第九百四十五条,业主要装饰装修房屋的,

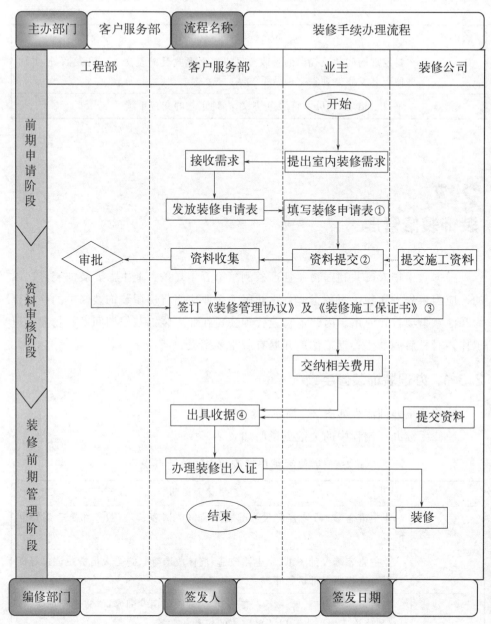

主办部门	客户服务部	流程名称	装修手续办理流程

工程部	客户服务部	业主	装修公司

前期申请阶段

资料审核阶段

装修前期管理阶段

开始

接收需求 ← 提出室内装修需求

发放装修申请表 → 填写装修申请表①

审批 ← 资料收集 ← 资料提交② ┄ 提交施工资料

签订《装修管理协议》及《装修施工保证书》③

交纳相关费用

出具收据④ ← 提交资料

办理装修出入证

结束 ← 装修

编修部门		签发人		签发日期	

图 2-5　装修手续办理流程

应事先告知物业服务人，遵守物业服务人提示的合理注意事项，并配合其进行必要的现场检查。这说明物业管理公司对于业主的装饰装修行为和其施工现场负有检查义务，发现违规情况可及时制止或向有关部门报告。

物业管理公司对业主的装饰装修监管工作主要分为三个阶段，如图 2-6 所示。

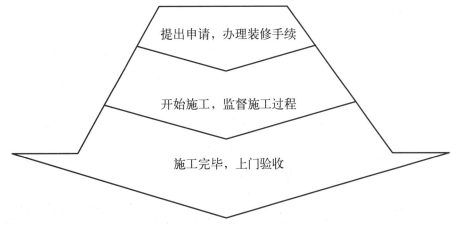

图 2-6 物业管理公司的装饰装修监管

（1）在业主办理装修手续的时候，物业管理员应当对装修图纸进行仔细审核，了解业主的装修想法和意愿，解答业主的疑问，并且明确告知可作改动的区域和坚决不可进行改动的区域，强调对不可改动的区域改动后造成的影响，让业主慎重对房屋进行改动。

（2）装修过程的监管是整个物业管理公司对业主装修监管工作的最重要部分，在此阶段，物业管理员应做到"六及时"，即"及时上门、及时询问、及时查看，发现问题要及时记录、及时处理、及时上报"。将发现的问题进行登记的同时要让业主签字确认，以便今后发生邻里纠纷时有据可依，有据可查。

（3）物业管理员应详细了解装修的一般步骤，如图 2-7 所示，结合业主的装修时间，分析容易发生违规装修行为的阶段，在此阶段，物业管理员可增加巡查的频率，及时发现并制止违规装修行为，对于不听劝解的行为，及时上报相关部门进行处理。

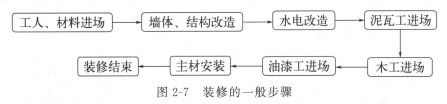

图 2-7 装修的一般步骤

（4）业主的装修完毕后，物业管理员应陪同业主对房屋进行验收，物业管理员的验收任务主要是查看是否存在违规装修行为，若存在违规装修行为则下发"整改通知书"，明确责任方，并进行记录。在装修整改后须陪同业主再次参与装修验收，以提高业主对物业管理公司的信任及好感度。

2.3.3 装饰装修问题处理

虽然物业管理员对装修过程进行了常规的巡查，但物业管理公司毕竟不是执法机构，没有执法权，所以依旧难以完全避免业主的一些违规装修行为，对于这些行为，物业管理员只能加强与业主的有效沟通，尽量避免出现重大的违规行为。常见的违规装修行为清单及解决措施如表 2-7 所示。

表 2-7 常见的违规装修行为清单及解决措施

序号	装修违规行为	解决措施
1	装修材料堆放在楼梯间、安全通道	通常这些行为是由装修施工人员直接造成的，物业管理员应在发现时立即制止，并要求整改，同时联系装修负责人及业主进行沟通，避免造成不必要的误解
2	在规定的施工时间以外施工，造成严重的噪声污染	
3	装修垃圾没有清运到指定地点，甚至倒入下水管道造成堵塞	
4	污染或损坏公共设施设备等	
5	拆改承重墙、柱，在承重墙做壁龛	承重墙是房屋的公共部分，住户不能私自拆除或破坏，物业管理员对于这些改变房屋结构的行为要严厉制止，并下发"违规装修通知单"，对于不听劝解的行为，须进一步下发"违规装修警告书"，必要时上报相关部门协助进行治理
6	违规拆除室内的飘窗	
7	在外墙打孔、开窗，影响建筑物外立面美观	
8	室内违规砌砖墙等	
9	违规搭建露台、雨棚、阳光棚，楼顶违规加盖房屋、凉亭等	
10	将没有防水要求的房间改成洗衣房或卫生间	这些行为极易在业主入住后造成邻里之间的矛盾，应及时提醒业主避免这些违规装修行为，对改变用途的地方做好记录，如有这些行为应立即下发"违规装修通知单"并让业主签字确认
11	改变空调安装位置	
12	改变燃气管道位置等	
13	将卫生间和厨房的管道预留检修孔封闭	
14	改变上下水管结构	对于这些行为，应尽量对业主进行劝解，并告知有些行为会导致房屋不质保，后续若出现纠纷将自行承担责任，并将情况记录，由业主签字确认
15	未按要求在施工现场配备消防器材	
16	铺设管道时破坏了房屋原有防水层	
17	随意改动网络、电话、可视对讲等弱电线路等	

2.4

房屋与设施设备运维

房屋的日常维护保养及设施设备的运作与维护是物业管理公司工作的重要环节，是物业管理公司正常开展管理工作的基础，是对业主的生活质量和生活秩序的强有力保障。

2.4.1 制订运维计划

房屋及设施设备的运行与维护应结合实际情况制订合理的运维计划，确保运维工作有序进行。对房屋进行合理的日常养护及修缮，以确保房屋的使用安全，延长房屋使用年限。房屋本体共用部位日常运维计划如表 2-8 所示。

表 2-8　房屋本体共用部位日常运维计划

序号	项目	养护内容	养护周期	备注
1	房屋承重及抗震结构部位	(1)施工质量导致的结构问题 (2)局部受损 (3)白蚁侵害、地基沉降等	每周巡查	
2	外墙面	(1)外墙面鼓起脱落 (2)外墙面局部渗漏 (3)外墙面大面积渗漏 (4)外墙面翻新	每周检查	
3	公共屋面	(1)隔热层破损 (2)防水层破损导致屋面渗漏 (3)避雷网脱焊、间断 (4)屋面积水	每月检查	遇雨季,则增加检查次数
4	公共通道、门厅、楼梯间	(1)公用地面的维修改造 (2)公共通道、门厅、墙、天棚维护 (3)楼梯间墙面、扶手、踏步板的维护	每月检查	
5	车库	(1)停车场地面破损 (2)停车场是否有积水	每月检查	遇雨季,则增加检查次数

对共用设施设备进行日常养护，有利于及时发现问题，以便及时处理，确保物业管理工作的正常开展。共用设施设备日常运维计划如表 2-9 所示。

第2章　物业运维服务管理
027

表 2-9　共用设施设备日常运维计划

序号	项目	养护内容	养护周期	备注
1	广场道路	路面、人行道、道牙	每周巡查	
2	照明设施	(1)高柱灯、柱头灯、藏地灯 (2)楼道灯、设备房用灯 (3)景观灯、景观音响、地灯等	每天检查	
3	沟渠池井	(1)雨水口、雨水井 (2)污水井、阀门井 (3)化粪池等	每周检查	遇雨季,则增加检查次数
4	机电设备	(1)变配电设备 (2)给排水设备 (3)空调系统、电梯系统、监控系统	每天检查	
5	消防设施	(1)烟感自动报警系统 (2)消火栓、喷淋系统 (3)紧急报警系统	每天检查	
6	给排水管道	(1)管道 (2)阀门	每天检查	
7	公用标识与导视	(1)标识牌、警示牌 (2)疏散指示	每周检查	
8	车库	(1)出入口闸杆 (2)车牌识别/打卡系统 (3)收费系统	每天检查	
9	其他共用设施	(1)垃圾站 (2)大门、围墙、护栏等	每周检查	

2.4.2　制定运维安全防范方案

房屋及设施设备运维方面存在的安全隐患是物业管理风险的主要方面,因此须制定安全防范方案以提高风险防范意识,同时进行规范的风险防范管理,这样才能有效地在物业管理运维服务中控制和防范各类风险的发生。

以下是房屋及设施设备运维的安全防范方案,供参考。

方案名称	房屋及设施设备运维的安全防范方案	编　号	
		受控状态	

一、目的

1.避免安全责任事故的发生(尤其是人员伤亡事故),避免物业管理公司遭受经济上的损失,以及防止对公司企业形象的破坏。

2.预防和降低风险的发生,进行规范化的风险防控管理,以提高物业管理公司的风险防范意识。

二、适用范围

本方案适用于××物业管理公司对其服务小区进行房屋及设施设备安全运维的风险防控管理工作的工作指导。

三、房屋及设施设备运维的风险点描述

1.房屋及共用设施设备风险。房屋、共用设施设备的风险具有分散性和多样性等特点,这就增加了物业管理中风险发生的概率,具体风险点的表现如下。

(1)房屋附着物、外墙装饰掉落或垮塌。根据《中华人民共和国民法典》第一千二百五十三条规定,建筑物、构筑物或者其他设施及其搁置物、悬挂物发生脱落、坠落造成他人损害,所有人、管理人或者使用人不能证明自己没有过错的,应当承担侵权责任。

(2)物业工作人员在高空作业时,清洁、维修工具或材料从高空坠落或因极端天气导致的物品坠落所引发的人员伤亡事故。

(3)小区内污水井、化粪池等的井盖松动或破损导致行人掉落而引发人员伤亡事故。

(4)小区内娱乐设施、健身设施出现松动、变形或尖角致使业主在使用过程中受伤。

(5)电梯运行故障导致电梯出现困人、下滑等现象,引发人员伤亡事故。

(6)停车闸杆的运行故障导致车辆受损或行人受伤。

(7)路灯、景观灯等破损导致行人触电风险。

(8)二次供水设备损坏导致小区内大范围的供水不足,严重影响业主生活。

(9)供电设备超负荷、短路或电气设施设备故障导致大面积停电,严重影响业主生活。

(10)车库排水系统故障或排水管道、沟渠堵塞导致雨季时车库严重积水、淹水,对车库内车辆造成严重损害。

(11)监控系统故障导致安全事故的发生或财产受到损害。

2.消防管理风险。消防安全是物业风险管理中最重要的环节,开展消防安全风险防范工作,规避消防安全的风险点,才能确保物业及业主的人身财产安全不受侵害。具体风险点的表现如下。

(1)消防设施损坏、灭火器材缺乏保养或擅自停用消防设施等,导致火灾发生时不能及时采取灭火措施,从而造成人员伤亡或财产受损。

(2)因电器故障、线路老旧引发火灾,造成人员伤亡或财产受损。

(3)易燃易爆物品的存放、使用操作及管理不善,而引发安全事故。

(4)焚烧垃圾产生明火,引发火灾。

3.设施设备维修保养过程中的风险,具体包括以下几点。

(1)高空或离开地面作业时,发生的坠落风险。

（2）维修电气设备、机械设备时，因操作不当导致维修人员的身体受到伤害。

（3）在无通风情况的密闭管井中作业，发生缺氧或中毒的风险。

（4）在维修保养工程现场发生意外安全事故等。

四、房屋及设施设备运维的风险防控措施

风险在物业运维服务管理中是客观存在且不可避免的，但可以通过认识、分析风险点，采取一系列防控措施，从而积极地去管理风险，有效控制和防范风险及预防风险的发生或是降低风险发生的概率，确保物业运维服务管理工作和业主的生活正常运行。

1. 房屋与设施设备管理方面

（1）加强房屋及共用设施设备的巡查和监管，及时发现风险点，对存在垮塌及坠落风险的区域立即进行维修保养。

（2）加强污水井、化粪池等井口的巡查，确保井盖盖板完好不松动，对出现破损及松动的井盖及时修复或更换。

（3）加强电梯的巡查，保证设备正常运行，同时，按照电梯维修保养工作规程，定期对电梯进行保养，同时要在电梯维修保养合同中明确责任。

（4）定期对停车闸杆进行维修保养，确保闸杆的正常起落，若发现杆体有变形或运行不畅，须及时进行检修。

（5）加强对景观灯、路灯及裸露的电源进行巡查，避免出现灯罩破损、电线外露等而导致行人发生触电风险，一旦发现问题，立即进行维修。

（6）加强与供电局、自来水公司的沟通，保证停送电、停送水信息及时准确，计划性停水、停电须提前告知业主；加强对供水、供电设备的巡视，保证设备正常运行；同时应建立相关的应急预案，加强对人员的培训，以应对突发性停水、停电问题给业主生活造成的影响。

（7）定期对车库排水系统进行检修维护，尤其是雨季，应加大巡查力度，确保车库排水通畅，同时提醒业主须提前将车驶离车库低洼位置，避免出现车辆涉水的风险。

（8）确保监控中心 24 小时都有工作人员值班，若发现异常监控设备，及时进行检修，出现任何异常状况，立即安排人员到现场查看处理。

2. 消防安全方面

（1）严格巡查消防设施设备，定期维护和测试，确保设施设备完善且功能处于正常状态。若消防设备发生故障，及时安排维修事宜并采取相应的临时替代防范措施。

（2）消防通道保持绝对畅通，禁止堆放杂物、垃圾或任何易燃易爆物品。若发现违规堆放，及时通知物主清理。对于长期不清理或不听劝阻的行为，可适当强制清理，确保消防通道畅通。

（3）防火门保持常闭，严禁上锁，确保应急照明、疏散指示标识等发光正常，如遇故障，及时进行维修更换。

（4）建立火灾应急预案，定期组织消防演练，确保火灾发生时能迅速采取应对措施，以配合消防部门进行救援。

3. 员工管理方面

（1）定期对设备操作人员、维修人员进行安全操作方面的培训，确保设备操作人员及维修人员按照相关安全操作规定实施安全作业。

（2）定期对员工进行消防安全教育，尤其是安保人员，不仅能熟练使用灭火器材及各项消防设施设备，还要了解消防法规和掌握防火、灭火的基本知识。

（3）提高物业管理员的风险防范意识，在日常的物业管理服务工作中建立规范的工作程序，从制度上规避风险和降低风险发生的概率。

4.其他方面

（1）投保公共责任险或物业管理责任险、雇主责任险等，减轻风险发生时物业管理公司所承担的责任及经济压力，减少物业管理公司的经济损失。

（2）将风险等级较高的专项工作外包给专业的公司，如电梯的维修保养、房屋的高空维修保养等项目，实现风险的转移，从而降低物业管理公司所承担的风险。

五、注意事项

1.维修保养人员在作业时，应在作业区域设置好警示牌，引导行人绕行；在易发生事故风险的区域增设警示标识。

2.加强全民消防意识，定期在小区内进行消防安全知识宣传，通过案例向业主讲解生活中常见的风险，让业主知道风险所在以及如何规避风险，从而降低风险发生的概率。

3.物业管理公司要定期、适时地在小区内大力宣传《物业管理条例》，使业主们对于物业管理工作内容从认识到了解，从了解到理解，最后从理解转变为支持物业管理工作，从而在一定程度上规避物业管理中可能发生的风险。

六、附则

1.本方案由物业管理部负责编制、解释与修订。

2.本方案自×××年××月××日起生效。

执行部门		监督部门		编修部门	
执行责任人		监督责任人		编修责任人	

2.4.3　制定房屋修缮及改造实施方案

在物业管理工作中，房屋修缮及设施设备维修保养方案制定的主体是工程管理部经理、主管及工程人员。以下是房屋修缮、改造及设施设备维修保养实施方案，供参考。

方案名称	房屋修缮、改造及设施设备维修保养实施方案	编　　号	
		受控状态	

一、目的

1.房屋的修缮改造工作可以确保房屋的使用功能得到正常发挥，延长房屋使用寿命。

2.对设施设备进行维修保养是确保设施设备能安全、平稳运行的前提，使其能最大限度地发挥有效使用功能。

二、适用范围

本方案适用于××物业管理公司工程管理部针对其服务小区进行房屋修缮、改造及设施设备维修保养的工作指导。

三、岗位职责控制

1. 工程管理部经理

(1)负责组织制定、补充、修订房屋修缮保养、设施设备维护与维修的各项规章制度。

(2)各项房屋修缮及设施设备维修保养工作的技术指导及管理。

(3)审查保养维修计划,并督促实施。

2. 工程管理部主管

(1)在工程管理部经理的带领下负责房屋修缮及设施设备的维修保养工作。

(2)制订保养维修计划,并督促实施。

(3)对重要的修缮和维修工作进行现场督导,控制工作质量与进度。

(4)检查下属员工维修保养工作的质量与效率,对发现的问题及时采取纠正措施。

3. 工程管理部工作人员

(1)遵照方案和工作计划进行房屋及设施设备的维修保养。

(2)完成上级领导交办的各项工作。

四、具体实施方案

1. 房屋本体共用部位的日常维修养护

(1)房屋承重及抗震结构部位

每周巡查一次,发现问题立即进行处理和维修,如果由于使用不当造成局部结构受损较轻的,由工程管理部按照房屋修缮规定进行维修;如受损严重,则应联合房地产开发商对受损结构进行大修。

(2)外墙面的日常维修养护

① 外墙面起鼓脱落,每周检查,发现问题及时修补。

② 外墙面局部渗漏,每周检查,发现问题由工程管理部按照修缮规程及时处理。

③ 外墙大面积渗漏,每周检查,发现问题及时进行维修,维修无效则进一步实施局部翻新。

④ 联合清洁部,每年对外墙面严重污渍进行一次清洁处理。

(3)公共屋面的日常维修养护

① 每月对屋面隔热层、防水层等进行检查,发现问题及时进行维修处理。

② 每季度联合清洁部对屋面进行清洁,清扫屋面堆积的青苔、杂草、杂物等。

③ 雨季应加强巡查次数,每天对屋面进行巡查,发现积水及时处理,防止排水系统堵塞导致屋面积水,从而造成屋面的破坏。

(4)公共通道、门厅、楼梯间的日常维修养护

① 每周巡查公共地面,对道路的裂缝、破损的砖块等及时修补。

② 对公共通道、门厅墙面、天棚等进行日常清洁保养,每周巡查一次,发现损坏及时处理。

③ 楼梯间墙面及楼梯踏步板,须每周检查是否出现裂缝、渗水等问题,发现问题及时处理。

④ 楼梯扶手,每日进行清洁,每月检查是否有破损、生锈等问题,若有立即进行修补。

(5)车库的日常维修养护

① 对普通混凝土地面的车库,应增加清洁次数,防止灰尘堆积,每月巡查地面是否有开裂等情况,发现问题立即处理。

② 对于使用地坪漆的车库,要每月巡查注意是否出现了破损或鼓包,发现问题就要及时处理,以免破损区域增大。

③ 每周对车库进行巡查,查看是否存在积水或排水堵塞,如遇雨季应每日巡查,发现问题及时处理。

2. 共用设施设备的日常维修养护

(1)广场道路

对小区路面、广场、人行道、道牙等每周进行巡查,发现损坏及时维修。

(2)照明设施

① 室外的高柱灯、柱头灯、藏地灯等,每周进行巡查,发现损坏及时更换、维修。

② 室内的楼道灯、设备房用灯等,每天进行巡查,发现损坏及时更换、维修。

③ 景观灯、景观音响、地灯等,每周进行巡查,发现损坏及时更换、维修。

(3)沟渠池井

① 雨水口、雨水井,每周进行巡查,清理垃圾、树叶等杂物的堆积,发现堵塞立即处理,如遇雨季,则应每天巡查。

② 污水井、阀门井,每周进行巡查,查看是否存在堵塞的情况,同时查看阀门是否启闭灵活、无生锈或滴漏,发现问题立即处理,如遇雨季,则应每天进行巡查。

③ 化粪池,每季度巡查一次,检查通气口、管道口是否畅通,以便产生的甲烷等有害气体及时排出,以保证日后养护工作的安全;检查化粪池是否出现堵塞,如发现问题及时清掏。

(4)机电设备

① 变配电设备,每天按照巡视保养项目表进行检查,对于发现的问题,由工程管理部按照保养维修工作规程进行维修。

② 给排水设备,每天进行检查,主要检查管道是否有渗漏、堵塞,连接部分有无滴漏,螺栓、螺丝有无松动等,泵体运行是否正常,若发现问题及时处理维修。

③ 空调系统,每天按照空调保养项目进行巡查,对于发现的问题,由工程管理部及时按照空调维护保养规程进行处理,保证设备正常、安全运行。

④ 电梯系统,每日对电梯的安全运行进行巡查,定期按照电梯维护及检修方案进行检修,确保电梯的安全运行。

⑤ 监控系统,每日查看监控系统和设备是否正常运行,出现异常立即处理。

(5)消防设施

① 烟感自动报警系统、喷淋系统,每月巡查是否正常有效,能否灵敏准确报警,发现异常立即处理。

② 紧急报警系统,每天检查报警按钮是否封闭且完整,发现异常情况立即处理。

③ 消火栓,每天检查室内消火栓水枪、水带是否齐全,有无损坏,阀门是否开关灵活,有无锈蚀;室外消火栓是否完整无缺少,有无锈蚀,发现异常立即处理。

(6)给排水管道

① 每天检查管道是否通畅,连接处是否存在滴漏,发现问题立即处理。

② 每天检查阀门开关是否灵活,是否有锈蚀、滴漏,发现问题立即处理。

(7)公共标识与导视

① 每周巡查标识牌字迹是否清晰无损坏,安装、安放是否牢固,发现问题及时处理。

② 疏散指示灯是否常亮,字迹是否清晰、无破损,安装是否牢固,发现问题及时处理。

（8）车库

① 每天检查出入口闸杆是否有变形、是否正常起落,对发生损坏的部位及时修复。

② 车牌识别系统、收费系统是否正常,发现异常及时处理。

（9）其他共用设施

门禁系统、垃圾站、围墙、护栏、大门等,每天巡查,发现问题及时处理。

五、注意事项

1. 在保养、修缮、维修过程中,物业管理公司须尽量使用无害、无污且可以自然降解的环保材料和节能设施设备,以树立绿色物业的意识。

2. 在巡检工作中,工作人员要携带好通信工具,根据巡检情况做好记录,填制好"房屋本体共用部位日常检查表"和"共用设施设备日常检查表",对发现的问题及时填制"房屋维修报批表"和"设备维修登记表"。

3. 工作人员在对房屋、设施设备进行检修时,要按要求做好防护措施,避免安全事故发生,同时在进行检修的区域设置警示牌。

六、附则

1. 本方案由工程管理部负责编制、解释与修订。

2. 本方案自××××年××月××日起生效。

执行部门		监督部门		编修部门	
执行责任人		监督责任人		编修责任人	

2.4.4 实施房屋及设施设备运维

（一）房屋及设施设备的运维

房屋及设施设备的运维要按照维修养护标准实施,并填制检查表。房屋本体共用部位维修养护标准如表 2-10 所示。

表 2-10 房屋本体共用部位维修养护标准

序号	项目	养护标准	实施效果
1	房屋承重及抗震结构部位	(1)房屋修缮范围和标准 (2)有关工程施工技术规范	(1)安全,牢固 (2)功能完好,正常使用
2	外墙面	(1)房屋修缮范围和标准 (2)外墙面修缮作业规程	(1)无鼓包,外墙装饰砖无脱落 (2)外墙面无渗水、整洁
3	公共屋面	(1)房屋修缮范围和标准 (2)相应修缮作业规程	(1)无积水、无渗漏 (2)隔热层完好无损 (3)避雷网无间断;各种避雷装置焊接点牢固可靠,避雷测试端实测电阻小于 4Ω

序号	项目	养护标准	实施效果
4	公共通道、门厅、楼梯间	(1)相应建筑部分修缮技术流程 (2)房屋修缮范围和标准	(1)整洁,无缺损,无霉迹 (2)扶手完好,无张贴广告
5	车库	(1)相应养护作业规程 (2)房屋修缮范围和标准	(1)车库无积水 (2)地坪无破损

对于房屋的日常维护保养应填制房屋本体共用部位日常检查表,如表 2-11 所示。

表 2-11　房屋本体共用部位日常检查表

名称		编号		地址					
检查人				负责人			检查时间	年　月　日	
检查项目				检查结果				损坏原因	
				完好	基本完好	一般损坏	严重损坏	自然损坏	人为损坏	保养不善	其他原因
1	□基础　□承重部件　□承重墙								
2	□屋面　□隔热层　□接地面								
3	□内墙角								
4	□门　□楼梯护栏　□墙面								
检测方法		□直观法　□刺探法　□仪器检测法　□计算法							
整体质量评定		□完好　□基本完好　□一般损坏　□严重损坏							
备注									

(二)共用设施设备日常维修标准

共用设施设备日常维修标准如表 2-12 所示。

表 2-12 共用设施设备日常维修标准

序号	类别	项目	日常维修标准	日常维修实施效果
1	广场道路	路面、人行道及道牙	(1)路面修缮质量标准 (2)人行道铺设修缮标准	平整、无坑洼、无积水、无缺损、完好率达99%以上
2	室外照明	高柱灯 柱头灯 藏地灯	(1)电气作业安全操作规程 (2)灯具施工技术标准	灯泡正常使用,灯罩完好清洁,灯杆及灯座无破损,完好率达99%以上
3	沟渠池井	雨水口 雨水井 污水井 化粪池 阀门井	(1)井内无积物,井壁无脱落 (2)化粪池出口及分隔池无堵塞 (3)井盖上标志清晰	(1)井盖完好率达100%,标志清晰 (2)无缺损,少污积 (3)无堵塞
4	机电设备	变配电设备 给排水设备 空调系统	(1)变配电设备保养规程 (2)给排水设备保养规程 (3)空调维护保养规程	无故障停水停电,设备正常安全运行
5	消防设施	烟感自动报警系统 消火栓、喷淋系统 疏散指示	(1)给排水管道施工技术标准 (2)消防设施施工技术标准	(1)消防设施正常有效 (2)灵敏准确报警
6	给排水管道	管道 阀门	给排水管道维护规程	管道通畅,无渗漏
7	公用标识与导视	标识牌 警示牌	(1)标识清楚,无污渍,无破损 (2)安放牢固	(1)标识设施完好率达100% (2)标识无损坏
8	车库	出入口闸杆 车牌识别系统 收费系统	(1)出入口闸杆无变形、损坏,起落正常 (2)车牌识别系统准确 (3)收费系统运行正常	(1)设施设备完好率达100% (2)识别系统准确率达100% (3)收费系统无差错率达100%
9	其他共用设施	垃圾转运站 围墙 大门	(1)无破损 (2)无脱落 (3)外观良好	(1)确保围墙的完好 (2)确保垃圾转运站正常使用

对于房屋的日常维护保养应填制房屋本体共用设施设备日常检查表，如表2-13所示。

表 2-13 共用设施设备日常检查表

名　称		编号		地址					
检查人				负责人			检查时间	年　月　日	
检查项目			检查结果				损坏原因		
			完好	基本完好	一般损坏	严重损坏	自然损坏	人为损坏	保养不善	其他原因
1	区内道路、路灯									
2	沟、渠、池、井、上下水主管道、室外消防设施									
3	机电设备									
4	公用标识与导视、其他共用设施									
5	车库设施									
检测方法		□直观法　　□刺探法　　□仪器检测法　　□计算法								
整体质量评定		□完好　　□基本完好　　□一般损坏　　□严重损坏								
备　注										

第 **3** 章

物业环境管理

3.1

清洁管理

物业清洁管理的内容主要是对公共区域进行打扫和对生活垃圾进行处理，它们是物业服务水平的重要体现。因此在具体的物业清洁管理工作中，一定不能掉以轻心，要以精细化、流程化、制度化的管理要求来制定各项工作方案。

3.1.1　制定清洁管理方案

方案一般包括背景、目标、范围、原则、问题、职责划分、项目分类、解决措施和监督控制等因素，其中，目标、问题以及解决措施是关键因素。在物业公司里，方案的内容多由下级或具体责任人为落实和实施某项具体工作而制定的文件，制定完成后报上级或主管领导批准实施。

在具体方案的写作中，应根据方案的具体类型合理控制篇幅和内容，必要时可省略背景介绍、方案制定原则等要素。以下为公共区域清洁和生活垃圾处理疑难问题的解决方案，供参考。

方案名称	公共区域清洁和生活垃圾处理疑难问题的解决方案	编　　号	
		受控状态	

一、目标

以提升业主对物业管理服务的满意度为导向，通过设计×××小区公共区域清洁和生活垃圾处理疑难问题的解决方案，提出量化、具体、规范、高效的问题解决措施，有利于对其他清洁管理相关方案形成有效补充，最终提高管理和服务水平。

二、适用范围

本方案适用于有独立全套卫生清洁体系的物业管理公司制定对×××小区清洁管理工作中所遇疑难问题的解决措施的工作。

三、清洁管理中的疑难问题及解决措施

（一）公共区域清洁疑难问题及解决措施

1.问题一：部分区域的业主往来流量过大、污染程度较深、垃圾产生过多，该区域的清洁工作人员抱怨自己工作量大，易产生懈怠情绪，不按标准进行清洁打扫，导致清洁力度不够，与业主产生矛盾，业主对物业管理服务满意度下降。

解决措施：

（1）以轮岗制为核心，清洁部主管（分管各公共区域清洁的管理人员）根据工作人员反映的情况并通过详细的调查与统计，按周进行轮岗调整，保证每个清洁工作人员都能打扫到每个小区域。

（2）以人员数量变动调整为辅助，对清洁难度大和工作量大的区域合理增派人员，同时注意人力成本的控制。

2.问题二:清洁工作人员普遍反映夏冬两季整体工作强度大,人手不够且工作时间规定不合理,以至于卫生清洁经常不达标,被业主投诉。

解决措施:

(1)夏季降雨频繁,积水点多,人员往来造成部分区域易受污染,据此可以提前制订清洁计划。清洁部主管根据天气预报,在降雨天气合理增派人员,在晴朗天气合理减少人员。

(2)工欲善其事,必先利其器。对清洁工具进行更新换代,新增清洁效果好的清洁工具。

(3)冬季时小区户外区域的枯枝落叶增多,据此可增加户外公共区域清洁人员,相应减少室内公共区域清洁人员。

(4)春秋两季天气变化相对较稳定,污染较小,可以保持不变或适当减少清洁人员的数量。

3.问题三:部分清洁人员反映部分节日期间和降雨天气时工作强度大,人手不够,导致清洁工作不达标,业主投诉增多。

解决措施:

(1)重大节日期间的变化体现在小区人员流动频率增大和生活垃圾增多上。所以要根据节日类型和以往经验进行统计分析,从而进行有效预测,如除夕的特征是人员进出频率最大,一定公共区域受污染的程度相应也会更深,在此类受污染较严重的区域应提前进行计划,增加人力、物力,保证清洁管理工作正常运行。

(2)降雨天气的特征是突发性,所以提前制订预防性计划尤为重要。可根据天气预报,提前进行人员部署,在降雨日增派人手或是调集其他清洁力度小的区域的工作人员来支援污染大的区域。

(二)生活垃圾处理疑难问题及解决措施

问题一:部分业主不进行垃圾分类且随意倾倒,部分业主把生活垃圾扔在楼道,增加了垃圾转运和处理的工作量和难度。

解决措施:

(1)制订提高业主垃圾分类意识和素质水平的宣传教育计划和方案,同时提供垃圾分类专用的智能垃圾箱和普通混合垃圾箱,其中普通混合垃圾箱可作为宣传教育期间的过渡品,待业主垃圾分类意识提升后,则可以将其撤销。

(2)对按规定进行垃圾分类和垃圾转运的业主进行奖励,同时要不定期调取监控录像,对不按规定随意倾倒垃圾的业主进行匿名批评,然后向业主委员会反馈。

问题二:垃圾处理工作人员普遍反映夏冬两季整体工作强度大,人手不够且工作时间规定不合理,导致垃圾处理工作经常不达标。

解决措施:

(1)夏季高温多雨,垃圾容易腐败发臭滋生细菌,可购买高效的消杀设备和防护全面的防毒面罩等工具。

(2)根据夏季昼长夜短和冬季昼短夜长的气候特征调整上下班时间。

(3)冬季时小区户外区域的枯枝落叶增多,该区域的垃圾集中点垃圾增多,据此可增加生活垃圾处理的人员。

（4）春秋两季的变化比较稳定，可以保持不变或适当进行清洁人员的裁减。

问题三：部分垃圾处理工作人员反映部分节日期间和降雨天气工作强度大，人手不够，导致垃圾处理程序不规范和质量不达标。

解决措施：

重大节日期间的变化体现在小区人员流动频率增加和生活垃圾增多上。根据节日类型和以往经验进行统计分析从而作出准确的预测是计划的重要环节，如除夕前后的特征是小区人员进出频繁，日常消费品大量进入小区，导致生活垃圾增多，因此需要增加人力、物力对生活垃圾进行处理，以保证在节日时生活垃圾处理工作的正常运行。

四、注意问题和事项

1. 在制定解决措施之前，一定要对问题的产生、发展、风险以及危害进行分析，在对以上问题进行本质性分析后，可以发现以上问题都具备变化性的共同特征，所以要摒弃以往一成不变的工作管理方法和措施，具体问题具体分析，制定因时而变的问题解决措施。

2. 清洁部主管以明确公共区域的具体范围和清洁标准为前提，以因时而变为原则，通过周密的调查后，进行统计分析，重新制定公共区域具体清洁方案，重点对人员和时间进行调整。

3. 清洁部副主管（分管生活垃圾处理的管理人员）以明确生活垃圾分类、处理标准和处理流程为前提，进行全面的调查，进行统计分析后，制订生活垃圾处理计划。

4. 在计划制订的过程中应当明确具体工作步骤，认真听取全体下属成员的建议，集思广益，在实践中不断补充、修改和完善计划，最终交由清洁部经理审批。

5. 在涉及减少人员的措施中，要注意减少人员并非是裁员，而是可以和绿化部门间进行横向的人员调动。

五、岗位职责

1. 物业经理：以监督为工作核心，按照量化的标准不定期对物业清洁管理进行抽检，按规定进行奖惩，可尝试新增关于是否达到绿色物业要求的奖惩制度。

2. 清洁部经理：负责清洁部全面的管理工作，依据国家相关政策，制定清洁工作制度、方案以及标准，并跟进落实；负责针对业主制定关于清洁卫生的教育宣传方案；负责对重大突发性清洁任务的临场指挥工作以及与相关部门的沟通和协调等。

3. 清洁部主管：负责协助清洁部经理制定公共区域划分的标准和方案，制订清洁工作的流程步骤和工作计划，监督和巡查下属各岗的公共区域清洁工作，做好记录和奖惩工作，定期向清洁部经理汇报工作情况等。

4. 清洁部副主管：负责制订生活垃圾处理的具体流程和工作计划，对下属各岗生活垃圾处理工作进行监督和检查，做好记录和奖惩工作，定期向清洁部经理汇报工作情况。

5. 公共区域清洁领班：负责对当班公共区域清洁工作的各作业点进行全面检查，发现问题及时解决并上报，做好与下一班的工作交接。

6. 生活垃圾处理领班：负责对当班生活垃圾处理的全流程进行指导与监督，发现问题及时解决并上报，做好与下一班的工作交接。

7. 公共区域清洁工作人员：按要求负责各自小区的卫生清洁和病毒消杀，互相对其他成员工作情况进行监督，发现问题及时上报公共区域清洁领班。

8. 生活垃圾处理工作人员：按要求负责各工作点垃圾的归集、分类、消杀以及转运等工作,互相对其他成员工作进行监督,发现问题及时上报生活垃圾处理领班。

六、附则

1.本方案由清洁部负责编制、解释与修订。

2.本方案参考《清洁管理制度》《清洁工作标准》《清洁工作细则》等文件制定。

3.本方案自××××年××月××日起生效。

执行部门		监督部门		编修部门	
执行责任人		监督责任人		编修责任人	

3.1.2 实施清洁工作

3.1.2.1 公共区域清洁步骤及注意问题

（1）公共区域清洁步骤的实施主体是公共区域清洁工作人员，明确其清洁工作的简单步骤，有利于从中发现问题并制定解决问题的方案。图 3-1 为公共区域清洁步骤。

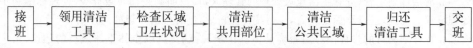

图 3-1　公共区域清洁步骤

（2）在进行公共区域清洁步骤中应注意的问题如图 3-2 所示。

1. 接班：接班打卡，向上一班工作人员了解有无突发情况，明确当日清洁计划

2. 领用清洁工具：检查清洁工具的完好程度，做好登记

3. 检查区域卫生状况：总体检查负责区域的卫生状况，根据污染程度，制订清洁计划

4. 清洁共用部位：明确共用部位的清洁消杀计划，重点按规定进行一定频率的消杀，先清洁共用部位，再清洁公共区域

5. 清洁公共区域：优先清洁已污染的区域，重点清洁人流量大的区域，注意按规定做好公共区域的消杀工作

6. 归还清洁工具：归还之前应消毒，做好使用量的登记

7. 交班：下班打卡，向下一班工作人员交代注意事项

图 3-2　公共区域清洁注意问题

3.1.2.2 生活垃圾处理步骤及注意问题

（1）生活垃圾处理步骤中的实施主体是生活垃圾处理工作人员，明确其处理工作的简单步骤，有利于从中发现问题并制定解决问题的方案。图3-3为生活垃圾处理步骤。

接班 → 领用清洁工具 → 垃圾分类 → 归集各类垃圾 → 集中消杀 → 垃圾转运 → 归还清洁工具 → 交班

图3-3　生活垃圾处理步骤

（2）在进行生活垃圾处理步骤中应注意的问题如图3-4所示。

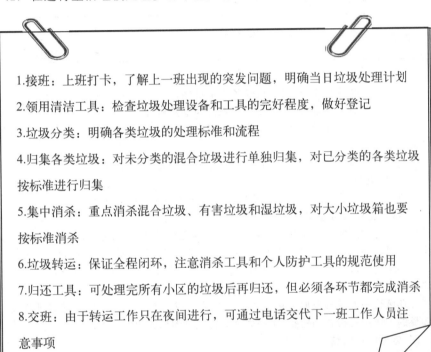

1.接班：上班打卡，了解上一班出现的突发问题，明确当日垃圾处理计划

2.领用清洁工具：检查垃圾处理设备和工具的完好程度，做好登记

3.垃圾分类：明确各类垃圾的处理标准和流程

4.归集各类垃圾：对未分类的混合垃圾进行单独归集，对已分类的各类垃圾按标准进行归集

5.集中消杀：重点消杀混合垃圾、有害垃圾和湿垃圾，对大小垃圾箱也要按标准消杀

6.垃圾转运：保证全程闭环，注意消杀工具和个人防护工具的规范使用

7.归还工具：可处理完所有小区的垃圾后再归还，但必须各环节都完成消杀

8.交班：由于转运工作只在夜间进行，可通过电话交代下一班工作人员注意事项

图3-4　生活垃圾处理注意问题

3.2

绿化管理

随着创新、协调、绿色、开放、共享的新发展理念不断深入人心，新形势下

的绿化管理工作也应该在制度、标准、方案等方面进行理念和内容上的更新，物业绿化管理工作是绿色发展理念的重要体现，做好物业绿化管理工作，有利于体现高水平的物业管理服务能力。

3.2.1　制定绿化方案

物业绿化是物业管理公司在日常管理中高水平服务的重要体现，是城市园林绿化的重要组成部分。环境优美的绿化环境能直接让业主感受物业管理的服务，因此制定绿化管理方案大有必要。

以下是物业绿化管理方案，供参考。

方案名称	物业绿化管理方案	编　　号	
		受控状态	

一、目标

制定物业绿化管理工作方案，应具备以下目标。

1. 贯彻绿色物业管理理念，注重节能减排和重复利用。

2. 指导小区的绿化及维护工作，为业主提供绿色、生态的环境，提高业主对物业管理服务的满意度。

3. 形成独具特色的物业绿化品牌，提升品牌影响力和业主对品牌的忠诚度。

二、适用范围

本方案适用于指导×××物业管理公司所服务小区的绿化管理工作。

三、绿化工作人员管理

1. 环境管理部根据小区现有的室外公共土地面积，按国家相关绿化率的标准，制订环境绿化计划，根据任务的多少，结合公司的人员编制情况，合理配备环境绿化管理人员。

2. 环境管理部培训环境绿化管理人员，在物业环境绿化管理的不同时期，采取不同的培训方式，联系实际具体讲授，还要把握所在城市的气候特征，进行现场培训。

3. 环境管理部主管根据绿化工作中的绿植的成活率、健康状况、修剪标准程度对工作人员的工作进行检查和监督，组织做好绿化工具的保管和保养工作。

四、常见绿化问题

通过对公司所辖小区的绿化管理调查，可发现下列四个问题。

1. 绿化面积容易被占用。

2. 绿化设计缺乏宜居性的考虑。

3. 相关部门对房地产开发商的监管不到位。

4. 绿化种植与养护脱节。

五、绿化构建原则

1. 绿色生态原则。尊重自然、顺应自然规律，贯彻绿色物业管理理念，将绿化管理工作的生态功能放在第一位，统筹全局，进行长远规划，尤其是要根据小区所在城市的降雨量和地表蒸发量选择适合的绿植。

2. 造景美学原则。针对小区的不同档次，采取不同的造景方案，把握颜色搭配和空间布局等特征，进行造景。

3. 因地制宜原则。尽可能采用本土植物，提高绿植成活率，降低采购运输成本。

4.科学引种原则。合理解决植物与建筑、管线之间的矛盾,提高空间利用率,重视日常养护,修剪、砍伐都应该在园林局和绿化委员会指导下进行。

5.业主参与原则。邀请小区业主对绿化方案建言献策,打造共性与个性兼具的绿化景观。

六、物业绿地的营造

1.环境管理部划分特定区域以营造独具特色的物业绿地,内容包括以下几点。

(1)地面绿化。小区内的空地绿化。

(2)侧面绿化。包括利用地形地貌绿化、建筑物侧面绿化和主体造景三类。

(3)顶层绿化。根据政府部门相关政策,合理对住宅顶层进行绿化。

2.环境管理部聘请或组织专业人员对物业绿地规划进行设计,制定多种方案,邀请业主投票,最终选定最佳方案。

3.环境管理部根据地区特色、美观设计、绿化标准等选择绿化植物,为了发挥绿化功能,必须选择适宜物业绿地所应种植的植物。

4.环境管理部根据小区特色,确定绿化植物配置的方式。

5.环境管理部组织绿地营造的实施工作,绿地营造工程可根据工程量大小和成本大小,委托园林工程部门施工,也可由本部门自行设计施工。

七、物业绿化植物的养护

1.环境管理部负责绿化植物日常养护工作,主要包括浇水、施肥、整形、修剪、除草、松土、防治病虫害。

2.环境管理部负责物业的空间绿化管理,以全面绿化为原则,将公共区域绿化与业主个体绿化、平地绿化与墙面屋顶绿化相结合。环境管理部门不但要搞好地面绿化,而且在条件适宜的地方,搞好物业的空间绿化,包括墙面绿化、阳台绿化、屋顶绿化、室内绿化等方面。

3.鼓励业主搞好阳台绿化工作,自觉参与维护小区绿化,配合各管理处及安保人员的管理工作,小区范围内一切业主和过往人员均须遵守相关规定。

4.寻求业主委员会的帮助,鼓励业主要自觉维护、协助绿化管理工作。

5.安保人员负责巡视、看管,如果遇到破坏花草树木的情况,执行破坏绿化提醒或处罚工作。

八、注意事项

1.在绿化管理的工作中体现"以人为本"的理念,关注所在城市的城市发展战略,顺应当地政府部门城市发展规划的趋势,降低物业绿化管理中的政治风险。

2.物业在绿化管理工作中可尝试引入"共享"的发展理念,如建设小区的共享花园。

3.优质的泥土是绿化管理工作得以顺利实施的基础,在前期介入中应该严禁房地产开发商把建筑垃圾埋入地下,同时注重对泥土污染的防治工作。

九、附则

1.本方案由环境管理部负责编制、解释与修订。

2.本方案参考《物业绿化管理制度》《城市绿化条例》制定。

3.本方案自××××年××月××日起生效。

执行部门		监督部门		编修部门	
执行责任人		监督责任人		编修责任人	

3.2.2 执行与监督绿化方案

在执行与监督绿化方案的制定中，明确岗位职责划分和内外部监督控制的具体措施是重中之重，做到既要监督到人，也要监督到事，人人都是监督者。以下是物业管理的执行与监督绿化方案，供参考。

方案名称	执行与监督绿化方案	编　号	
		受控状态	

一、目标

通过对绿化管理和绿化工作的监督，实现绿化工作的流程化、标准化和精细化，从而防范绿化管理及绿化工作中的风险，最终提高绿化工作的质量和物业管理服务水平。

二、监督机构

物业管理公司须成立绿化工作监督小组，负责绿化管理和绿化工作的规范执行、监督工作，在监督控制工作中需明确经理层为直接责任人，即组长；明确监督控制的原则，确立监督控制的要素；明确组员不相容职务的划分和判定依据；明确监督控制中的目标，在绿化管理及工作中则表现为提高绿化管理及工作执行效率和效果。小组构成具体如下所示。

1. 组长：＿＿＿＿＿＿＿＿＿＿＿＿＿（环境管理部经理）。

2. 组员：＿＿＿＿＿＿＿＿＿＿＿＿＿＿＿＿＿（环境管理部下属成员）。

三、监督对象

绿化工作的执行人员包含了项目工作人员、项目管理人员以及项目实施人员，公司须明确监督的对象，从中找出问题，有利于制定行之有效的监督控制方案和改进绿化工作的执行方式。具体监督对象如下所示。

1. 绿化相关的具体工作事项和人员。

2. 绿化管理工作事项和人员。

四、监督控制的内容

依据企业内部控制的相关要求，明确控制活动及其对应的基本要素，同时要明确控制目标，做到有的放矢，如果没有控制目标，就不可能实施有效的监督控制活动。监督控制的具体内容包括以下5点。

1. 监督控制活动：绿化管理人员的管理工作和绿化工作人员的具体工作。

2. 监督控制主体：监督小组和绿化工作相关管理人员和工作人员。

3. 监督控制对象：绿化管理及工作的过程。

4. 监督控制目标：规范绿化管理，明确各岗位监督制约机制，提高绿化工作效率。

5. 监督控制方式：巡查、抽检、核对、责任划分、绿化标准等。

五、绿化相关工作执行与监督控制现状

1. 工作计划和实施之间的时间差过大，绿化工作存在一定滞后性，错过了合适的季节种植绿植，出现草坪枯死、黄土出现在硬化路面、灌木成活率过低等问题。

2. 绿化管理工作中存在外行指导内行的现象，管理人员不经调研，随心所欲向采购部门提交采购的计划。

3.上述现状导致了养护的成本过高和效益过低的问题。

4.部分业主反映绿化工作效率不高、绿植覆盖率不高、绿化效果不好。

5.绿化工作外包机制不完善、不透明,缺乏监督控制机制。

六、建立监督制约机制

(一)明确各岗位职责划分

1.明确绿化部经理的晋升机制,以6年绿化工作经验和取得高级园林绿化证为硬性要求。绿化部经理必须能够制定清洁绿化管理方案和对物业管理区域内清洁绿化管理工作进行优化,使绿化相关工作高效运行。

2.从计划传达时间上对上下级的履职时限进行监督控制,规定绿化计划指令到期自动生效,明确各环节的责任主体,禁止推诿和慢条斯理的行为。

3.根据国家标准和小区现有状况,不经常使用的户外硬化路面应合理改造成绿化带,通过公开招标选择最符合公司绿化要求的承包商,签订标准的外包合同,以不相容职务为前提,明确监督岗位。

(二)明确日常绿化工作标准

在开展绿化工作时,绿化主管及绿化工作人员应坚决执行以下标准,监督组长任命与绿化部无利益牵扯的清洁部人员为监督组员,对绿化部是否严格执行绿化标准进行横向监督,以提高物业管理辖区的绿化水平。

1.各类植物无枯萎、凋谢及病虫害现象。

2.草坪修剪整齐,无高低不平现象,且干净无纸屑、无杂物。

3.植物枝叶修剪齐整,无杂乱现象。

4.禁止人为踩踏草坪,重点保护新铺草坪。

(三)明确日常绿化工作质量监控

公司应对绿化工作质量进行日检、周检和月检,以提高绿化工作的质量。

1.日检由绿化工作人员负责,互相检查各自负责的区域,若发现问题及时记录并处理。

2.周检由绿化主管负责,集中处理绿化工作人员每日反馈的绿化问题,做好奖惩工作和登记。

3.月检由环境管理部经理负责,绿化主管与绿化工作人员应陪同检查,重点检查绿化效率和效果。

(四)日常绿化工作执行质量提升

公司绿化质量改进工作主要按照以下两种方式进行。

1.绿化主管应对每月绿化工作的整体情况进行总结,编制"绿化养护月检表",于每月__日前上报环境管理部经理,并提出工作中存在的问题和相应的改进措施。环境管理部经理根据绿化主管提出的改进措施,结合现有情况确定绿化工作的改进办法。

2.环境管理部经理定期总结绿化工作中的现有问题,组织编制"绿化工作质量报告"报送公司总经理审批,并与环境管理部相关人员共同协商改进措施。经公司总经理审批后,组织执行改进措施。

(五)统一绿化标识要求

环境管理部应对管辖绿地内的乔木、灌木、草坪做统一标识,具体要求如下。

1.标识由公司环境管理部统一制作,包括单株乔木、灌木、绿篱丛植、花坛、花镜、草坪的标牌等。

2.标识上应标明植物的名称、编号、生态习性、种植日期等内容，并根据管理区域内的实际绿化情况予以布置。

3.绿化主管应及时填写"环境管理部绿化档案登记表"并汇编存档。

七、注意事项

1.监督控制组长制订监督控制计划，应遵循全面性、重要性、制衡性、适应性和成本效益原则，明确董事会为第一责任人，在监事会的指导下进行制定。

2.绿化外包项目监督小组需抽查绿化部门监督外包绿化项目的情况，如对承包方进行承包前的资质检查、实施绿化种植过程中的规范性检查，将不合格情况及时报送监督组长。

3.明确公司的内部环境差异，对监督控制中的风险进行评估，以不相容职务分离控制、授权审批控制、预算控制和绩效考评控制等措施为主要控制手段，通过手动控制与自动控制、预防性控制与检查性控制相结合的方式，对绿化相关实施工作进行有效控制，将风险控制在可承受范围之内。

八、附则

1.本方案由环境管理部负责编制、解释与修订。

2.本方案依据《绿化管理制度》《公司内部控制制度》编写。

3.本方案自××××年××月××日起生效。

执行部门		监督部门		编修部门	
执行责任人		监督责任人		编修责任人	

3.3

绿色物业管理

绿色物业是当下物业服务管理的大趋势，根据"十四五"规划精神，高质量的供给是当下服务行业的必由之路。物业管理行业作为服务行业的典型代表，应围绕绿色物业的新管理理念，由原先单一的管理型向综合管理效益型转变是发展方向，对于响应国家创建文明城市号召、提升物业服务水平有着重要的意义。

3.3.1 编制与实施物业管理区域节能减排管理方案

节能减排是绿色物业的重要因素，在传统的物业管理中，对于公共设施的采购和使用往往是一种粗放的状态，不以节能减排作为原则和参照，结果容易造成不必要的资源浪费，同时也使得物业管理的成本增加，不利于成本管控。

物业管理区域节能减排顺应我国实施节能减排政策的大方向，编制与实施物业管理区域节能减排管理方案有利于响应我国提出的 2030 年前二氧化碳的排放不再增长，以后每年的二氧化碳排放量逐年减少的做法。同时，也有利于物业管理公司完善自身的管理制度、方案以及发展目标，打造高水平的物业管理服务，进行精细化的成本管理，最终提高公司竞争力，在白热化的"红海市场"中实现自身的生存和发展。以下为物业区域管理节能减排方案，供参考。

方案名称	物业区域管理节能减排方案	编　号	
		受控状态	

一、目标

为了规范物业管理的节能减排工作,有效提高节能减排的效果,响应国家关于绿色物业的方针政策,特制定本方案。

二、适用范围

本方案适用于××物业管理公司致力于节约能源消耗、减少污染排放的各项管理工作。

三、职责分工

明确节能减排管理方案的职责分工,有利于在节能减排各阶段进行有效控制,确保节能减排的理念深入人心,节能减排的各项措施得到有效实施。

1.综合管理部负责本方案的制定、修改和定期更新工作。

2.各部门负责遵守落实方案规定的各项要求。

3.环境管理部负责带领下属员工监督、评估有关部门的节能减排情况。

4.审计部负责审查本方案的合理性、可行性以及内控机制的落实情况。

四、节能减排问题现状

明确小区节能减排的现状及面临的困境,有利于对现状和困境中存在的问题进行分析,发现问题的本质特征,对问题进行分类,以便逐项解决问题。

1.部分用电设备过于老旧或是工作时间不合理,能源消耗大。如业主反映小区的声控灯不灵敏,儿童共享摇摇车整夜工作等情况。

2.部分物业工作人员和业主节能减排意识不强,垃圾分类和废物利用的理念不深,存在浪费小区公共资源的现象。如用水后不关紧水龙头,浪费小区公共用水;不随手关灯,浪费小区公共区域的用电;未提前垃圾分类便随意处置垃圾。

3.物业管理工作中关于如何应对基础设施突发状况的制度、方案和流程不明确,导致具体工作的实施经常做无用功,效率低下。如自来水管主管道在硬化路面下爆裂,但找不到爆裂点,管道设计图遗失,相关责任人第一时间不在现场,各部门互相推诿,导致大量的水资源流失。

五、节能减排的目标

明确节能减排的具体目标,才能做到有的放矢,物业管理人员要对物业管理中暴露出的能源与资源浪费、生态环境破坏的问题,提出有针对性且行之有效的解决措施。

1.目标一:节约能源以提高资源利用率。

2.目标二:减少生活中"三废"的排放。

3.目标三:降低物业区域管理系统中维护公共设备的成本。

六、节能减排的措施

日常节能减排是公司为满足节能减排目标而明确规定须在日常积累中实现的硬性节能减排要求,包括了节约物质资源和能量资源,减少废弃物和对环境有害的物质的排放。在制定节能减排的措施的过程中,可从以下五个方面进行考虑。

(一)设备方面

物业管理所需设备的采购是节能减排管理工作的开端环节。采购低能耗、高效率的各种设备,有利于从源头把握节能减排的方向,从而实施高效率的节能减排工作。

1.各部门根据自身实际情况以及面临的节能减排问题,收集节能产品的信息,进行多方对比后,选择最佳的节能设备,并向采购部提交采购清单。

2.采购部选择批量大的设备集中进行招标,以选取节能效益和成本效益最好的设备。如在采购办公设备、清洁消杀设备、照明设备等时,须以设备的低功率、高效能和低成本作为主要原则,其中有特殊限定要求的可除外,最后按规定签订合同。

(二)宣传教育方面

意识对实践具有能动的指导意义,因此通过对业主和物业管理工作人员的宣传教育,有利于提高其节能减排的自觉性意识,化被动为主动,把节能减排的意识外化为具体的行动,推动整个小区节能减排工作的正向实施,具体实施内容如下。

1.综合管理部收集国家出台的关于绿色物业、节能减排的相关政策,制定符合小区实际情况的宣传教育方案。

2.制作宣传海报、节能减排提示标识等在小区的公共宣传区域和公共设备处进行张贴。

3.与居委会和业主委员会进行合作,定期举办节能减排和垃圾分类知识竞赛,对参赛者提供一定奖励,对竞赛名次靠前的给予奖品。

(三)管理方面

管理追求的是资源的合理利用,因此须根据各种设备的特性,制定针对性的管理方案,设计精细化的管理流程,使各种节能设备物尽其用,发挥最大的功效,尽可能节约资源。

1.严格断电控制,电脑、空调、打印机、复印机、照明设备等在下班后要做到"人走机停",有关负责人须每日例行检查。

2.任何人不得擅用公司电力来使用功率超过相关规定限制的私人电器,空调、加湿器等季节性设备须由公司统一规划使用时间,任何部门或个人不得私自开启使用。

3.把节能减排相关工作纳入绩效考核的范畴,从物质上推动节能减排工作的实施。

4.总经办、环境管理部、综合管理部等应每季度召开讨论会议,就生产排污问题进行讨论研究,分析公司的管理模式、机械设备等是否需要提升、改进。环境管理部主管应密切关注国家关于排污标准的政策变动,如有变动应及时与上级管理人员商议应对策略。

(四)监督方面

监督控制贯穿节能减排各项工作的始终,设立监督控制相关部门,制定监督控制的制度,有利于保证节能减排工作合法合规,保障节能减排相关资产安全,提高节能减排的效果和效率,最终实现公司的发展战略目标。

1.审计部依据内部控制制度,切实做好审计工作,审查各设备使用是否合规,审查小区的排污量是否严格控制在国家规定的标准范围内。

2.明确各节能减排工作流程、环节、设施设备的直接责任人与监督人,注意不相容职务的分离控制,防止滥用职权与串通舞弊。

(五)奖惩方面

明确奖惩措施,有利于提高节能减排贯彻者的工作积极性,鼓励其更加深入细化地进行节能减排工作,同时,有利于打击形式主义的行为。

1.不定期抽查节能减排的各项工作,明确有关工作的直接责任人与监督人,对节能减排工作进行定性和定量的研究,采取以下3级奖励措施进行奖励。

(1)每月评选优秀节能减排部门,授予锦旗并通报表扬。

(2)以实施节能减排工作之前的能源耗用量和排放量作参考,合理设立参考值,对于节能减排各项工作贯彻好的直接责任人和监督人进行奖励。

(3)对于提出有价值的节能减排建议的员工,给予500～10 000元的奖励。

2.对节能减排工作贯彻不到位的部门和员工,以节能减排工作标准和相关制度为参照,按照以下3级惩罚措施进行惩罚。

(1)情节较轻者采用当面批评、警告的惩罚措施,并视情况决定是否要求其提交书面形式的自我检讨。

(2)情节较重者采用通报批评的惩罚措施,并视实际情况决定是否进行记过处理。

(3)情节严重而给公司造成经济损失的,应按损失情况进行罚款处理,必要时可执行降职、解聘措施。

七、注意事项

1.在节能减排各项工作的实施过程中,要寻求财务部的帮助,对各项工作做好预算分析、成本管控,留有一定现金流,保证公司用于该项目的资金链正常运作,如遇超出预算的情况,则需循序渐进、分阶段进行节能减排工作的实施。

2.明确节能和减排二者互为因果的关系,注重对废弃物的循环利用。

3.做好节能减排成果维护,当节能减排工作取得间断性成果时,不可掉以轻心,公司有关部门仍需加强节能减排工作的监控力度,有效维护排污整治所取得的成果。

4.不可忽略业主室内的节能减排宣传工作,必要时为业主制订节能减排的装修计划,在业主入住的装修前段环节提供帮助,宣传与鼓励节能减排。

5.在节能减排工作中,业主的生命安全始终是第一位,如果某个节能减排项目和业主人身安全有冲突,则需要马上重新设计和实施。

八、附则

1.本方案由综合管理部负责编制、解释与修订。

2.本方案参考《节能减排制度》《节能减排标准》《节能减排工作细则》等文件制定。

3.本方案自×××年××月××日起生效。

执行部门		监督部门		编修部门	
执行责任人		监督责任人		编修责任人	

3.3.2 编制与实施物业管理区域污染防治及垃圾分类管理方案

污染防治和垃圾分类也是绿色物业管理理念的重要体现,污染防治事关生态，垃圾分类事关环保，只有做好这两项具体工作，才能建设好生态型和环保型的绿色小区，为业主提供整洁、舒适、环保、宜居的居住环境，从而提高业主对物业管理服务的满意度，同时也有利于响应国家关于绿色物业相关政策的号召。以下是物业管理区域污染防治方案，供参考。

方案名称	物业管理区域污染防治方案	编　号	
		受控状态	

一、目的

为了从源头上控制物业管理区域污染，有效控制小区污染程度，并逐步恢复污染环境，实现污染环境的有效控制和管理，保障业主的生命安全，为业主提供整洁、舒适宜家的环境，特制定本方案。

二、适用范围

本方案适用于×××小区环境污染的防治工作。

三、污染来源

随着经济社会的不断发展，城市绿色发展治理体系的不断完善，传统的以工厂和矿区为代表的固定污染源得到有效治理。新形势下的小区污染大致有以下来源，从外部来源和内部来源两个角度进行叙述。

1.外部来源：汽车的胎噪、鸣笛导致的噪声污染，汽车尾气排放导致空气污染，写字楼玻璃反光导致光污染，电磁污染等。

2.内部来源：下水道堵塞不通引起恶臭以及垃圾箱中废弃食物和残根菜叶散发恶臭导致局部空气污染、业主的生活污水管道泄漏导致土壤和硬化路面污染等。

四、×××小区污染源问题

×××小区的污染问题有以下三点：

1.问题一：部分业主反映受汽车的胎噪和鸣笛引起的噪声干扰过大，已经影响到日常作息和身体健康。

2.问题二：部分业主反映下水道堵塞不通引起恶臭导致局部空气污染。

3.问题三：有业主反映小区垃圾箱中废弃食物和残根菜叶散发恶臭导致局部空气污染。

五、解决措施

上述问题一主要来源于外部，因此在解决问题的过程中要做到内外并举；问题二产生的根源是基础设施的结构不合理，对其进行改造是关键；问题三的本质是业主的垃圾分类意识有待提高。关于这三个问题的具体解决措施如下。

1.问题一的解决措施。公司公关部对外向交通管理部门反映情况，可在小区附近路段增设禁止鸣笛标志。公司综合管理部可建议业主更换隔音玻璃，同时绿化部根据小区的实际情况，通过种植一定数量的绿化植物达到削减噪声的目的。

2.问题二的解决措施。综合管理部调查下水道的堵塞程度和污染情况，综合分析，注意成本管控，以"改造优先"和"疏改结合"为原则进行污染治理，在外包施工过程中注意进行监督和记录。

3.问题三的解决措施。寻求业主委员会的帮助，共同制定垃圾分类工作相关的宣传教育方案,重点在于提高垃圾分类意识和教授业主如何进行垃圾分类,具体措施可参考垃圾分类方案。与此同时,清洁部主管应根据季节变化制定生活垃圾的处理方案,其中可以增加对含有废弃食物和残根菜叶的垃圾清运频次。

六、注意事项

1. 在进行污染治理的过程中要直面问题本质,把握问题产生的根本原因、发展走向和风险危害,以根治问题为出发点,切忌回避和掩盖问题。

2. 污染防治工作不可能做到一劳永逸,因此要以防为中心,制订对污染源的检测计划,发现新的污染苗头及时扑灭,对污染程度进行定性分析和定量分析,通过科学的数据检测来制定行之有效的污染防治方案。

3. 在污染防治的过程中要注重统筹全局,以发展的眼光看待问题,熟知环保部门的相关政策,寻求与环保部门、街道办事处、居委会和业主委员会的合作,共同致力于小区的污染防治工作。

七、附则

1. 本方案由环境管理部负责编制、解释与修订。

2. 本方案参照《污染防治制度》《污染防治标准》等相关文件制定。

3. 本方案自××××年××月××日起生效。

执行部门		监督部门		编修部门	
执行责任人		监督责任人		编修责任人	

以下是物业管理区域垃圾分类方案,供参考。

方案名称	物业管理区域垃圾分类方案	编　号	
		受控状态	

一、目标

为了推动绿色物业管理相关工作的实施,提高业主垃圾分类意识,向业主普及垃圾分类的相关知识,提高业主对本公司物业管理服务的满意度,特制定本方案。

二、适用范围

本方案适用×××物业管理公司服务的所有中高档小区的垃圾分类工作。

三、垃圾分类面临困境

(一)制度困境

1. 政府部门缺乏统一的制度对垃圾分类的工具、设备、流程、标准等相关工作进行规定。

2. 物业管理公司的垃圾分类管理制度不够详尽,缺少对疑难问题的解释,缺乏分类原则等。

3. 政府和物业管理公司的相关职能部门关于垃圾分类的各环节缺乏统一协作,同时也缺乏统一制度从中进行协调,导致"先分后混"和"混装混运"的现象。

(二)实践困境

1. 学习成本过高,部分老年人只对可回收物有较准确的认知,对其他类型的垃圾分类的学习速度过慢。

2.前文所述由于缺乏对整个垃圾分类流程的统一协作,导致垃圾分类工作中上游辛辛苦苦完成了垃圾分类,结果中下游的转运和处理环节直接把垃圾混装,严重挫伤了上游垃圾分类的积极性。

3.垃圾分类耗用的时间成本过高,部分业主忙于上班,分得不够细。

(三)监督困境

1.缺乏对整个垃圾分类事前、事中以及事后整个流程的监督,导致相关工作人员为节约时间,把垃圾混装。

2.由于物业管理公司与业主的服务与被服务关系,物业管理公司很难以强制性的手段对业主进行监督,而鼓励性的引导又收效甚微。

四、解决措施

针对以上问题中涉及物业管理区域垃圾分类的问题,可提供以下措施。

1.物业环境管理部经理组织下属成员对垃圾分类的各有关事项进行调查统计,制定垃圾分类工作的相关制度、方案、办法、细则和流程等。

2.把可盈利性作为垃圾分类工作中的重要指标,通过对可回收物的售卖,获取一定资金为垃圾分类工作提供内生动力。

3.通过奖励的方式进行垃圾分类的宣传教育,与居委会和业主委员会合作,定期举办垃圾分类的知识竞赛,设立"红黑榜",实名表扬垃圾分类做得好的业主,对不进行垃圾分类的业主匿名提出委婉批评与建议,发挥示范业主的带头作用。

4.加强垃圾分类工作中的监督控制,单独设立监督小组进行监督,把垃圾分类纳入员工绩效考核,明确奖惩办法。

5.通过街道办事处和城管局等相关部门的协调,尝试与其他区域的物业管理公司共建共享垃圾分类工作运营项目,打造规模化和集约化的垃圾分类产业,以实现降低垃圾分类成本的目的。

五、垃圾类型及投放要求

(一)垃圾类型

业主日常生活中产生的常见垃圾可分为以下四类。

1.有害垃圾。纽扣电池、蓄电池、充电电池、荧光灯、节能灯、废温度计、过期药品、杀虫剂罐等。

2.厨余垃圾。剩菜剩饭、瓜果皮屑、过期食品、花卉绿植、鸡蛋及蛋壳等。

3.可回收物。易拉罐、广告单、纸板箱、玻璃瓶、塑料瓶、旧书本、衣服、玩具等。

4.其他垃圾。餐盒、塑料袋、骨头、烟蒂、餐巾纸、卫生间用纸、纸尿裤、陶瓷等。

(二)投放要求

1.有害垃圾。易破损物品须带包装定点投放,易挥发、泄漏物品须尽量密封包装定点投放,尽量保证物品的完整度。

2.厨余垃圾。除袋投放,无固体杂质的流质可直接倒入下水道,动物大骨头、榴莲壳、椰子壳、贝壳类垃圾可投放至其他垃圾收集箱。

3.可回收物。尽量保证无污染,纸板箱应压扁,轻投轻放。

4.其他垃圾。尽量沥干水分,装袋扎紧,保持整洁。

六、注意事项

1. 环境管理部经理在制定垃圾分类的有关制度前，一定要以该城市有关部门关于垃圾分类的相关政策文件为基础，切忌照搬照用，而是要结合实际情况，制定出具体问题具体分析的、可行性强的制度，依据制度实施方案、细则和流程等进行工作。

2. 垃圾分类相关工作在新形势下，是一个物业管理公司管理能力、协调能力、发展能力和竞争能力的综合体现，因此做好垃圾分类工作，未雨绸缪，提前布局，才能在激烈的竞争中获取更多的市场份额。

3. 注意发挥居委会在垃圾分类工作中的积极作用，团结一切可团结的力量。

七、附则

1. 本方案由环境管理部负责编制、解释与修订。

2. 本方案依据《垃圾分类管理制度》《垃圾分类标准》等文件编写。

3. 本方案自××××年××月××日起生效。

执行部门		监督部门		编修部门	
执行责任人		监督责任人		编修责任人	

3.3.3　制定与实施绿色物业管理提升方案

绿色物业管理是指从资源节约、环境友好、生态保护三个方向，紧紧围绕可持续发展的理念，以国家政策规定为依据，通过采用科学的管理、先进的技术、环保且智能化的设备来最大限度地降低物业管理运行的能耗，提升资源利用效率，从而达到节约资源和保护环境的目的，向业主提供经济、全面、高效、专业的服务，打造舒适整洁、节能环保、安全宜居的居住环境。

由于绿色物业管理要求过高会增加很多各类相关成本，而物业管理公司又对于实施绿色物业管理的相关方案制定甚少，使得在具体的绿色物业管理工作中常常面临无据可依的情况，最终导致工作效率降低，同时也增加了管理的风险。

因此，制定与绿色物业管理各项工作相关的方案大有必要。以下是绿色物业管理提升方案，供参考。

方案名称	绿色物业管理提升方案	编　　号	
		受控状态	

一、目标

1. 明确绿色物业管理工作的基础，并在此基础上制定关于提升绿色物业管理工作水平的方案，便于公司对绿色物业管理的系列方案进行补充。

2. 实现绿色物业管理能力和工作水平的同步提升，满足业主对于高水平物业管理服务的需求。

3. 顺应时代发展潮流，响应国家关于绿色物业管理政策的号召。

二、适用范围

本方案适用于×××物业管理公司对其服务小区绿色物业管理工作的提升进行指导。

三、提升思想

1.明确传统物业管理和绿色物业管理的区别和联系。

2.明确绿色物业管理的发展现状和发展趋势。

3.明确绿色物业管理需要达成的具体目标。

四、方案制定主体及职责控制

1.绿色物业管理可作为物业管理公司战略层面的发展方向,因此绿色物业管理的提升方案由物业总经理带头进行制定。

2.通过对行业绿色物业管理相关工作的调查统计,熟知国家绿色物业管理的相关政策,明确公司的使命和目标,制定符合现阶段公司发展实际的绿色物业管理提升方案。

3.同时,以严格的权力制约监督体系为依据,制定绿色物业管理提升方案,最后交由股东大会、董事会等审批。

五、绿色物业管理问题

1.问题一:管理上存在职责划分不明确的问题,各部门缺乏统一提升目标,很多部门都忽视了"绿色物业管理"中的"管理"属性,片面认为"绿色物业管理"主要是环境管理部的工作。

2.问题二:在节能减排、智能化设备的管理上,缺乏专业的技术指导和维护人员,并且设备及系统的开发和更新未做到及时、有效。

3.问题三:智能化设备价格高昂,更换节能减排设备的费用开支大,经费预算不足。

六、问题分析

1.问题一分析:本质在于公司各部门对"绿色物业管理"这一概念的理解不透彻,所以有必要了解其来龙去脉、具体含义和所包含的具体内容。

2.问题二分析:智能设备和系统的开发有待提升,以及专业技术人才的培训有待加强。

3.问题三分析:主要体现在公司没有正确估算智能化设备的效益,而是片面放大智能化设备及相关工作的成本。

七、问题解决措施

1.问题一:邀请专业团队,对公司绿色物业管理相关工作提供咨询、帮助,把国家关于绿色物业管理工作的相关法律法规纳入公司治理体系的建设中,更新公司战略中的使命、目标及文化,把绿色物业管理相关理念融入其中,使全公司该理念内化于心,外化于行。

2.问题二:一方面寻求供应商的智能设备和系统的专业指导及培训,并定期考核,将其纳入薪酬绩效中;另一方面招聘相关专业的人才,对节能减排、智能化设备进行专业的维护及管理。

3.问题三:寻求财务部的帮助,对整个智能化、节能减排设备的采购和安装以及旧设备的拆卸过程中产生的直接或间接材料、人工和费用进行精细化的成本管理计算,对旧设备进行计提折旧、资产评估,最大化节约成本。最后的资金空缺则需要由财务部经理向总经理汇报。

八、重点注意事项

1. 绿色物业管理的理念,不只表现为简单地以节能减排为中心地对原有设备设施进行改造,还表现为推行人本思想的人性化管理工作。随着物业管理市场的不断成熟,员工作为企业的重要资源愈发凸显,因此通过运用"马斯洛需求五个层次理论",把握员工在不同时期的不同层次的需求,满足优秀员工的需求,选贤举能,任人唯才,让员工真正融入公司,最终为业主提供发自内心的优质服务,从而打造出一个长治久安、和谐美满的小区。

2. 从打造优质物业管理品牌出发,在管理项目层面为业主提供更为完善的服务,如培养一支满足业主多样化需求的物业服务队伍,根据业主的具体特征提供全面、多层次的特色服务;提供关于停车位和空置房产等周边具有营利性质的代租、代售服务,朝着收益型物业管理的方向发展。

3. 在制定绿色物业管理提升方案的过程中,应该密切关注已有竞争对手及潜在竞争对手的动向,从公司高层次战略出发,追求卓越,打造人无我有、人有我优的具备前瞻性的提升方案。

九、附则

1. 本方案由总经办负责编制、解释与修订。

2. 本方案参考《绿色物业管理制度》制定。

3. 本方案自××××年××月××日起生效。

执行部门		监督部门		编修部门	
执行责任人		监督责任人		编修责任人	

第 **4** 章

公共秩序与安全管理

4.1

公共秩序维护

人们需要在公共场所生活，首先就必须要遵守公共秩序。公共秩序是指维护社会公共生活所必需的秩序，由法律、行政法规及国家机关、企事业单位和社会团体的规章制度等所确定，主要包括公共场所的工作秩序、交通秩序、居民生活秩序等。因此建立良好的小区公共秩序，不仅需要物业管理公司的有效维护，还需要业主的广泛参与。

4.1.1 制定公共秩序维护方案

物业管理的本质是公共秩序管理和维护，其目标是有效地向业主提供公共服务。维护公共秩序，有利于提高物业管理服务效率，为业主提供有序、舒适的小区环境。以下是公共秩序维护方案，供参考。

方案名称	公共秩序维护方案	编　号	
		受控状态	

一、目的

为保障业主拥有安全舒适的生活环境，须明确各相关人员的岗位职责，加强小区内的公共秩序管理，特制定本方案。

二、适用范围

本方案适用于××物业管理公司处理小区物业管理服务过程中存在的扰乱公共秩序问题，对其进行有效维护。

三、维护公共秩序的主要力量

1.治安管理机构——国家机关中的治安管理组织。主要是各级政府的社会治安综合治理机构和公安、司法、安全等机构。

2.群防群治组织——自治性安全防范组织。该组织主要具公益服务性质，包括治安保卫委员会、治安联防队伍、各种巡逻组织等。

3.保安服务企业——职业化安全防范组织。以履行合同的方式为客户提供安全防范服务的保安服务企业，不具有法定强制性，比较典型的就是物业管理公司内的治安保安力量。

四、物业管理的公共秩序问题及解决措施

1.问题一：交通秩序。

随着业主生活水平的提高，小区车辆逐年增加，由车辆乱停乱放带来的问题接踵而来，包括交通阻塞，甚至阻挡消防通道导致秩序混乱等。车辆乱停乱放问题带来的安全问题日益凸显，不仅影响小区环境，还给业主的出行造成不便。

解决措施：

(1)对小区道路、空地等公共区域进行全面排查，梳理小区内停车位供应状况、交通流量等问题,合理利用小区公共区域,尽可能多地释放空间,在不占用消防通道的前提下规划好地下和地面停车场的车辆停放问题,让每个业主都有固定停车位,减少乱停乱放的现象。

(2)加大宣传力度,增加小区内交通提示标志牌,并向业主告知"车辆规范停车标准",让业主自觉养成文明停车、规范停车的良好习惯。在此基础上倡导业主绿色出行,节能减排,促进绿色物业发展。

(3)因地制宜,如果小区空间允许,可采取部分人车分流或者完全人车分流的方式。在小区的入口设置停车场主入口,车辆不直接进入小区内部,而是直接通过地下停车场主入口进入单元门,采用错时共享车位的智能化管理方法,最大限度提高停车场整体利用率。

(4)对于乱停乱放的车主须进行口头教育和警告,对于屡次不改的车主可以向交管部门报告,列入车主黑名单,由交管部门采取强制措施。

2.问题二:安全秩序(高空抛物)。

2021年3月1日,最新刑法修正案(十一)生效,将"高空抛物"正式入刑,从建筑物或者其他高空抛掷物品,情节严重的,处一年以下有期徒刑、拘役或者管制,并处或者单处罚金。

高空抛物危害公共安全,会造成他人人身伤害或者重大财产损失,一直被称为"悬在城市上空的痛"。近年来,小区高空抛物致人重伤甚至死亡的事件屡禁不止,引发的社会讨论愈演愈烈并持续发酵。高空抛物随时威胁着人们的安全,成为重大安全隐患。

解决措施:

(1)对小区高楼住宅外立面进行24小时实时监控,不仅监控公共区域,还针对业主的专有玻璃,达到无死角、全覆盖,从而起到取证和震慑的作用。

(2)日常中加大对业主的普法宣传和引导教育。着重强调高空抛物的危害及所需要承担的刑事责任等,提醒业主以身作则并加强对孩子的监护管理,提高业主对高空抛物事件的重视程度,养成文明的生活习惯,同时应避免在公共区域外墙放置花盆、悬挂物等。

(3)物业管理公司负有安全保障义务。必要时在高楼住宅间安装防高空抛物网;定期检查房屋外窗是否变形、破裂或者发生松动,如有问题及时维修,防止其坠落,尤其需要针对正在装修的房屋进行检查。

(4)加强监管和处罚力度。当发生高空抛物事件时,要立即进行调查,迅速辨认抛物方向、楼层号、位置,设法找到肇事者,通过调取实时监控搜集证据,进行备份,将其移交给警方,并协助好救援部门开展救助工作。

3.问题三:环境秩序。

小区内管理不善、基础设施不健全容易出现排水设施不通畅,污水外溢流经绿化带造成环境脏乱差;路面破损,雨天路面雨水堆积,业主通行难;垃圾堆积处理不及时,夏天散发恶臭;业主违规搭建、改建,影响通行;井盖未盖好,易致人跌伤。

解决措施:

(1)定期巡查,对业主出现违规问题进行及时制止、劝阻,对基础设施要及时维护、检修和更换,规范沿街商户店外经营、乱堆乱放、乱贴乱挂等行为,避免给业主生活造成不便。

（2）生活垃圾早中晚要及时清理，定期清洁消杀，规范对小区绿化的培育及养护工作，营造整洁有序舒适的小区生活环境。

（3）定期进行宣传教育，让业主形成"社区是我家，治理靠大家"的主人翁意识，形成业主共同参与维护、上下联动、齐抓共管的良好氛围。

4.问题四：活动秩序。

物业配合街道办居委会定期为小区业主举办丰富多彩的大型文化、体育、集会、游园等活动，活跃小区文化氛围，促进业主之间的交流沟通，打造良好的睦邻文化氛围，体现物业的人文关怀。但是在这个过程中要避免活动场地存在安全隐患，业主参与意识淡薄或不感兴趣、无有效反馈等问题。

解决措施：

（1）举办活动前要先向街道办居委会申报，得到审批之后方可实施，物业管理人员要提前进行合理规划和布局，并通过海报、横幅等方式向业主进行宣传通知。活动前不仅要提前进行彩排，还要加强对基础设施的维护，对安全隐患进行排查，完成安全自查。

（2）举办活动时公司各部门要各司其职，维持好秩序，加强巡逻，避免人员较多造成拥堵，对活动人员进行检查，以免混入陌生人员；关注天气变化，如果是户外活动则按照应急预案处理进行工作。

（3）活动结束后进行善后处理，恢复小区原状。

五、附则

1.本方案由安全管理部负责编制、解释与修订。

2.本方案自××××年××月××日起生效。

执行部门		监督部门		编修部门	
执行责任人		监督责任人		编修责任人	

4.1.2 实施并改善公共秩序维护工作

维护公共秩序是构建和谐小区的重要条件，是提高小区业主生活质量的基本保证，良好的公共秩序不仅有助于物业管理的进步，并且能够提高人性化的物业服务水平，从而构建和谐稳定的小区环境。维护公共秩序流程如图4-1所示。

维护公共秩序流程中的关键节点说明如表4-1所示。

表4-1　维护公共秩序流程中的关键节点说明表

关键点	详细描述及说明
①	部门主管根据各部门人员搜集到的物业信息制定相关制度，由部门经理审核后交由物业总经理审批，审核不通过再交由部门主管重新制定
②	部门主管根据物业总经理审批的制度去落实各个部门的具体分工和职责

关键点	详细描述及说明
③	部门主管向业主发布并宣传制度,由各个部门人员执行配合
④	部门主管根据各部门人员进行的事件报告进行调整判断,并由行政部经理审核
⑤	部门主管对事件进行处理并且详细记录在案,由各部门人员配合工作

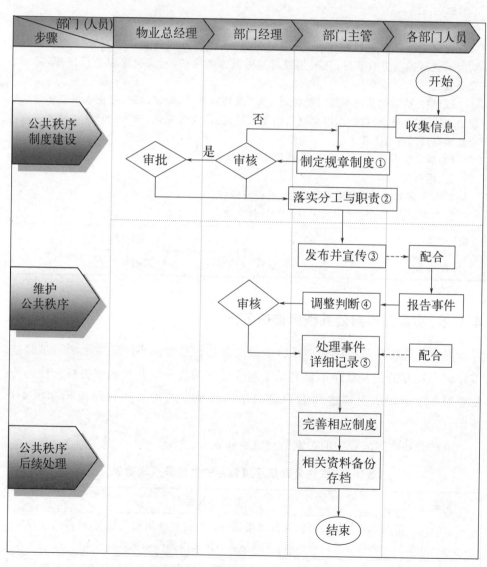

图 4-1　维护公共秩序流程

维护公共秩序的注意问题如下。

（1）落实服务至上的理念，物业管理人员要秉持认真负责的态度。

（2）制定相应的规章制度，按照规则办事。

（3）维护公共秩序的过程中不能用力过猛。

（4）提前对小区公共秩序进行安全防范，协助政府执法部门共同维护公共秩序。

（5）维护小区公共秩序不是物业管理公司单方面的事情，还需要业主们共同参与维护。

4.2

治安管理

小区治安管理的核心是"防火、防爆、防盗、防破坏"，需要通过门卫管理、守护管理、巡逻管理和监控管理四项工作实现良好治安秩序，各安全管理部门都要按照岗位实施细则切实履行"四防"工作中的各具体工作环节，以维护小区业主人身和财产安全，保证其正常工作、生活等秩序。

4.2.1 门卫管理

门卫管理是物业管理的缩影，是小区治安管理的第一道防线，对维护物业管理公司正常管理秩序，保障业主合法利益不受侵犯具有重要意义。门卫管理不仅是物业管理公司的门面，代表公司形象，向外界展示物业管理公司的精神风貌，更是物业管理公司企业文化的一部分，有利于公司长期稳定发展。

4.2.1.1 门卫管理主要职责

（1）加强思想教育，提高思想觉悟，明确物业服务至上的理念，努力提高门卫管理的服务水平，严格遵守物业管理公司制定的各项规章制度；坚守岗位，坚持24小时轮岗执勤，向下一班管理员交代的事项要在记录本上登记，以备查阅，实现规范化管理；统一制服，佩戴工牌，着装整齐，保持良好的仪容仪表，举止文明大方，体现专业性。

（2）对出入人员进行核验，做到100％查验率。物业管理公司要严格审核门禁注册人员，确保业主的安全。业主凭物业管理公司发放的IC卡或门禁卡可以自由进出，外部人员如外包工、装修工、保洁员等必须凭借临时出入证进出。

（3）对陌生来访人员进行实名登记，严查访客的身份证件，并做好接待工作，明确不准进入的情况，避免无关人员进入小区造成不必要的安全隐患，以维护小区安全稳定。

来访人员登记表如 4-2 所示。

表 4-2 来访人员登记表

年 月 日

序号	来访人姓名	性别	年龄	证件号码	被访人楼层号	到访时间	离开时间	值班员

（4）对进入车辆进行核验，小区车辆实行一车一证制，机动车辆进出必须主动在门卫指定地点停车并接受核验，外来车辆需要登记车牌号、事由、停留时间等方可进入。

（5）指挥、疏导出入车辆，清理无关人员，维护出入口的正常秩序。对小区门口的摊贩进行劝离，避免造成车辆拥堵影响业主的通行，尤其是要确保业主每天上班、上学高峰期间的交通畅通无阻。

（6）对携带物品外出的人员特别是流动人员，实行严格的检查，尤其是携带大件物品的车辆，比如搬家、装修等车辆应该到门卫管理处填写物品放行条，具体填写内容如表 4-3 所示，经业主签字，门卫管理处核查无误后方可放行，以防止财物流失。

表 4-3 物品放行条

仅当日有效

申请人		业主姓名		搬离原因	
搬运车辆车牌		电话		证件号码	
物品及数量规格					
财务意见	水电费、管理费、租金是否结清 □是　　　　□否				
	审核人：　　　　　　　　年　月　日				
安全管理部意见				年　月　日	
值班保安员签名				年　月　日	

（7）对小区内捡拾到的遗失物、重要证件进行登记公示管理，等待失主认领，不得私拿或者自行处理。

（8）加强与业主的沟通和联系，及时听取业主的建议和意见，增加群众基础，有利于后续工作的开展。对于违章不听劝阻或者无理取闹者，要及时报告，不应该与其纠缠。

4.2.1.2　在门卫管理的过程中，安保人员要注意的问题

（1）必须在规章制度的范围内开展工作，不得超越职责权限。

（2）秉持服务至上的理念。

（3）不得随意泄露业主信息。

（4）未经允许不得动用业主物品或者接受业主赠送的礼品。

（5）有重要情况要妥善处理并及时上报，不能迟报或者瞒报。

4.2.2　守护管理

守护管理是指对特定的重要目标实行现场看护和守卫工作。物业管理公司根据守护目标的范围、特点及周围环境确定适当数量的守护岗位，并据此安排守护人员。

4.2.2.1　守护人员应注意的内容

（1）守护目标的情形、性质、特点、周围治安情况和守护方面的有利、不利条件。

（2）熟悉有关制度、规定，及准许出入须持有的手续和证件。

（3）熟悉守护岗位周围的地形及设施情况。

（4）熟悉电闸、消火栓、灭火器等安全设备的位置、性能和使用方法，以及各种警报装置的使用方法。

（5）熟悉业主基本情况。

4.2.2.2　守护人员的具体职责

（1）根据物业服务合同，对存有贵重财物、危险物品的场所进行守护，并提醒业主注意。

（2）根据物业服务合同，保卫小区内大型文化、体育、集会、游园等活动的安全，体现物业的人文关怀及亲情服务。在活动之前完成安全自查，要求现场检查做到100％全覆盖，对管理区域的安全隐患进行排查并整改。活动期间由安保人员进行值守维护秩序，并时刻关注天气变化，如果是户外活动则应按照应急预案处理进行工作。

（3）紧急情况的处理，定期对小区水、电、气供应设备进行全面、系统检查，就水、电、气供应设备工作的重点工作和注意事项进行培训，同时提前培训在此期间可能出现的问题及处理办法。

（4）雨雪天气须在醒目位置放置安全提示标识，安排相关人员对小区主次干道、单元门口、机动车道进行积雪清扫工作，争取在业主上班之前将道路清理干净，保障业主安全出行，同时应增加巡逻，防止意外发生。若因雨雪天气造成停电事故，应立即启动突发停电事故应急预案进行处理。

4.2.3 巡逻管理

为建设一个平安、和谐和稳定的小区环境，物业管理公司每天要安排相应人员进行日常巡逻，划片分区，责任到人，加强小区内部巡视和检查，防止安全隐患发生，具体职责如下。

（1）巡逻过程中遇到业主需要帮助时，要文明礼貌热情积极地为业主提供帮助。

（2）提醒业主锁好车辆、关好门窗，做好防火、防盗等治安防范宣传工作。

（3）掌握责任区内基本情况，熟悉装修户数和入住率，了解业主基本居住情况，仔细巡查责任区内公共部分设施设备是否完好，及时做好登记并进行上报。

（4）检查发现防范中的漏洞，加大对小区重点要害部位的巡查力度，如低矮围墙、水池、窨井盖等，如果发现安全隐患应该第一时间做好相应处理并上报。维护治安秩序，协助当值人员处理紧急情况，当值期间应详细记录工作情况并做好交接班工作。

（5）及时发现各种可疑情况，警戒并保护刑事案件、治安事件和治安灾害事故的现场，平息巡逻中发生的突发事件和意外事件。

（6）预防、发现并采取措施制止和打击违法犯罪活动，如果情节严重，则将其抓获移交到公安部门，做好现场防护工作，疏散无辜群众。

（7）每天要按照"小区安全巡逻路线图"规定的路线和方式进行巡逻、签到。

（8）巡逻结束后对巡逻情况做详细记录，具体需填写的内容如表4-4所示。发现问题必须记录在案，以备查阅。

表 4-4　日常巡逻记录表

岗位编号		岗位名称		任职者姓名	
所属部门		直接上级		直接下级	
序号	检查内容		检查情况		
1	消防设施是否完备(消火栓、灭火器、报警按钮)				
2	小区公共设施是否有磨损				
3	业主是否存在安全用电问题				
4	楼道是否存在易燃易爆物品				
5	小区要害部位(低矮围墙、水池、窨井盖等)是否有可疑情况				
6	电梯机房和水箱等门边暗角,是否潮湿				
7	车辆是否乱停乱放				
8	楼道、天台是否干净				
9	是否存在可疑人员				
10	是否有推销人员				
11	房屋防盗设施是否完备				
12	地下室各机房重地(发电机房、水泵房等)是否安全				
13	业主装修是否存在问题				
14	绿化带是否损坏				
15	是否有小孩在楼道奔跑玩耍				
16	是否发现贵重遗失物、埋藏物				
17	其他				

4.2.4　监控管理

　　监控不仅可以用来作为事后取证的工具,还可以用来提前预防和示警,使得能在源头上就减少坏事的发生,保证物业管理服务的正常运行。物业小区内的监控系统通常要 24 小时保持开启的状态,并需要相关人员来进行实时监控。

　　为了加强监控系统操作室的管理,确保监控系统的正常使用和安全运作,充分发挥其作用。安保人员具体职责如下。

　　(1) 对监控系统设备进行日常维护、清洁;注意防潮、防静电、防尘、防热和防盗，经常检查系统运行情况；严禁在监控室内使用干扰仪器扰乱电子设备和电器正常运行，保证系统设备处于良好工作状态；严禁携带易燃、易爆、具有放射和腐蚀性物品进入监控室。

（2）禁止将监控中心钥匙移交他人使用、保管和配置，其他无关人员未经准许不得进入监控中心。按时上岗值班，进出监控室随手关门。

（3）密切注意监控设备的运行状况，若值班期间在监控范围内发现警情，立即定点录像，及时、简要、清楚地通知附近值班保安进行查看，并做好详尽记录，具体步骤如图 4-2 所示。

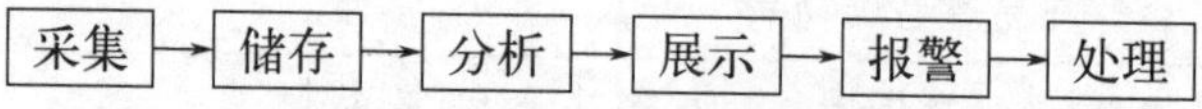

图 4-2　监控情况处置步骤

（4）定期按规定对机房内设备进行检查和维修，保证监控设备系统的正常运行，发现设备异常和故障要及时报修。

（5）监控中心的录像资料至少保存 30 日以上，重要资料要及时备份。不得擅自复制、提供、传播视频信息，严格遵守保密制度，做好保密工作，不得随意透露他人信息。

（6）监控人员不得随意调整摄像头方位及角度，不得擅自改变视频系统设备设施的位置和用途，不得随意更改元器件、线路，不得随意操作监控中心内一切仪表、按钮、设备等，要按操作程序进行操作。

（7）调取监控过程。

① 对于申请人查询调取与自己相关的监控，物业要先核实其是否是业主的情况下再予以调取。

② 申请人查询调取与他人相关的监控，物业审查程序应当更加严格，不仅需要当事人提供相关的调取手续，而且要核实调取用途，在征得相关当事人的同意后再配合调取。

③ 如果是司法机关需要，则应当予以配合，在提供监控资料时，要做好登记，以留存相关资料备案。

4.3

▶▶

车辆管理

随着人们生活水平的不断提高，汽车日益成为每个家庭的日常出行工具，业主车辆的集聚增加导致小区出现不同程度的停车难问题，因此需要对小区车辆进行有效管理以提高业主的出行效率，维护小区公共秩序，推进文明小区的创建。

4.3.1 停车场管理细则

随着小区车辆增多，车辆安全在一定程度上保证了小区安全。物业管理公司需要制定相应的车辆规范管理细则，逐步构建"有位、有序、共建、共享"的停车格局。以下是停车场管理细则，供参考。

细则名称	停车场管理细则		受控状态	
			编　号	
执行部门		监督部门	编修部门	

第1条　目的。

1.对小区内各类车辆进出、行驶、停泊实施管理工作，提高小区停车场的停车效率和空间利用率。

2.解决业主停车难、停车贵问题，维护业主切身利益，提高业主满意度。

3.确保交通安全，维护小区车辆秩序，创造良好安定的小区环境，逐步实现小区物业人性化管理。

第2条　适用范围。本细则适用于××公司各物业小区内停车场管理及车辆、交通的监管工作。

第3条　岗位职责。

1.物业经理的职责：负责因地制宜规划停车场、设置组织机构及制定紧急情况预防措施。

2.保安队长的职责：负责本细则的贯彻执行及全面管理。

3.安保人员的职责：

(1)实行24小时轮班制，统一着装，佩戴工牌，服从统一安排调度，负责具体执行该细则的相关工作。

(2)负责指挥停车场内车辆的行驶和停放，维持秩序。

(3)当值安保人员应对停车场设施、设备、岗亭、值班室等做日常清洁保养工作。

(4)对停车场内消防设施进行定期检查维护。

(5)制止任何人为损害车辆的行为。

4.工程部的职责：负责停车场设施设备的定期维护保养和故障检修，并填写"停车场基础设施日检表"。

第4条　车辆的分类管理。

1.按照车辆类型分为机动车和非机动车，其中对非机动车实行定区管理，而机动车则根据实际情况实行地下车库车位看管和地面车位临时看管两种方式。

2.按照车辆使用人划分为业主和临时进入人员，并分别发放IC卡和临时出入卡。

3.按照时长划分为临时停车场、长时间停车场，同时还分为夜间停车场、日间停车场，根据停车时间长短不同采取不同收费标准。

第5条　停车场划分管理。

1.地上停车场为公共车位,对常放车辆和外来临时停放车辆划线、分色、分区以便停放,明确路线。

2.地下停车场为专有车位,是已经出售给业主的私家车位,通过挂牌对号停泊。

第6条　停车场基础设施管理。

1.根据停车场构造和设置,合理规划停车位尺寸,将进口和出口分开并设置多个进出口。

2.根据公安部、住建部颁布的《停车场建设和管理暂行规定》来配备停车场设备设施,如固定岗亭、道闸、防护栏、路障等且做好禁停、限高、限速、转弯、直行等标识牌的提醒,并在转弯处安装凸透镜。

3.配备足够充电桩,解决越来越多的电瓶车和新能源车带来的充电困扰,统一地方充电,避免发生安全、爆炸事故。

4.完善消防设施,做好防火应急情况的预警,规范管理以消除重大安全隐患。

第7条　停车场环境安全管理。

1.更换间歇式和局部式照明,按时开关停车场照明灯,保证停车场有足够的照明光度,保持停车场明亮宽敞,并在部分人少区域安装声控节能灯,改变地下停车场昏暗的环境。

2.设置24小时无死角实时监控,避免发生剐蹭事件,进一步维护业主财产安全。

3.保持地下停车场内长期干燥,及时做好除湿工作,加大排水设施系统的建设,防止车辆打滑、发生碰撞事故以及长期潮湿环境造成车辆受潮和霉变。

第8条　车辆的进出管理。

1.采用智能化停车场管理系统,利用大数据信息技术,录入车辆信息,实行自动识别,建立统一的停车信息管理系统,将停车信息与公安等部门建立共享机制。

2.外来车辆进入小区必须由出入口安保人员检查车辆后填写"车辆进出登记卡",并注明停放时间及事由;严格对外卖员进出小区进行管控;空载出租车和载有危险品的车辆禁止入内。

3.车辆在进出口处要快速支付、快速通行,严格实行一车一杆规则,避免造成车辆堵塞。

第9条　车辆的收费管理。

1.统一收费标准,业主可定期(按季度、半年、一年)一次性缴纳停车费用,并办理车辆停车IC卡和车辆地下看管手续,地面车位可选择短期收费和临时收费两种形式,收费标准按市政府规定严格执行。

2.小区内业主的摩托车、自行车应在指定地点停放,按月收取看管费;外来车辆停放在临时停放区域,按次收费。

第10条　收费缴纳办法。

1.定期缴费由业主定期到物业管理公司财务部按照制度流程规定办理。

2.临时缴费直接交于出入口保安员,实行摄像监控,所收费用于每日换班后交于财务部。

第11条　车流组织和秩序维护。由当值巡逻保安员负责小区内车流组织、停放和行驶秩序。

第12条　车辆停放和保管。

1.业主应按所购买车位在地下停车场停放；停放后，监控中心操作人员负责监控并录像以备查。

2.摩托车、自行车实行定点封闭式管理。

第13条　收费标准。根据物价局相关规定制定各类车辆停放、保管的收费标准。

第14条　违规处置办法。

1.小区车辆管理以服务疏导为主，处罚为辅；以物业管理公司为主，居委会、业主委员会为辅，其他政府部门积极支持。

2.如果发生因不缴纳相关管理费用或者因其他纠纷故意破坏停车场设施，殴打相关人员，封堵停车场出口造成交通拥堵等问题的，可以由物业管理公司向有关部门报告，由相关部门采取措施追究其法律责任，造成公共设施损坏的，照价赔偿。

第15条　执行任务的车辆，如救护车、消防车、军警车、抢险救灾车等免费停放，不受时间道路的约束，其他车辆一律按照本细则执行。

第16条　本细则由物业经理负责编制、解释与修订。

第17条　本细则自××××年××月××日起生效。

编制日期		审核日期		批准日期	
修改标记		修改处数		修改日期	

4.3.2　车辆进出管理事项

落实小区车辆进出管理制度，规范小区车辆的行驶和停放，切实维护交通秩序，有利于加强物业管理，提高小区安全、有序、整洁的环境质量，营造更加舒适宜人的居住环境。

车辆进出管理主要事项如表4-5所示。

表 4-5　车辆进出管理主要事项

序号	主要事项	备注
1	车辆快速通行、严格实行一车一杆规则	
2	外卖员需要登记核实后才能进入小区	
3	搬家、装修、送货车辆有通行证才能进入小区	
4	临时车辆按照制度流程进入小区，在指定车位停车	
5	进入小区的临时车辆即停即走，停放时间严禁超过半小时	
6	出租车不得驶入小区	

序号	主要事项	备注
7	携带易燃、易爆、具有放射性和腐蚀性物品的车辆禁止进入小区	
8	业主车辆必须按照规定停放,尤其是非机动车不得占用消防通道以及不得在楼宇内随意停放	
9	机动车要减速慢行,时速不能超过5km/h	
10	小区内车辆禁止鸣笛,严禁超车,注意避让车辆行人	
11	携带大件物品离开的车辆须有放行条才能通行	

物业管理公司在进行车辆进出管理时,应注意以下问题。

(1)在车辆管理岗处,备案小区车辆信息,要求安保人员对其进行熟悉了解,确保小区的业主车辆可以快速审核通过。

(2)采用车辆自动识别系统确保车辆可以快速审核并放行,避免造成交通拥堵。

(3)严格对外来车辆进行核实登记。对外来车辆需要具体问题具体分析,决定其是否能够进入小区。

(4)车辆带货驶离小区,必须有相应证明,属大件、贵重的搬家物品,需要业主办理相关物资放行手续才能放行。

(5)禁止在人行道、车行道、消防通道上停放车辆,机动车和非机动车只能停在指定车位上。

4.4

消防管理

消防安全关系到千家万户,是物业管理中一项重要并且艰巨的任务。若消防安全工作没有做到位,会存在安全隐患,造成安全事故,危及业主的人身、财产安全,后果不堪设想。因此,小区消防管理问题不容忽视。

4.4.1 建立消防安全管理制度

物业管理公司在物业管理过程中要把消防安全作为管理工作的重点,建立消防安全管理制度，践行"关注消防，生命至上"的理念。消防连着你我他，平安幸福靠大家，与业主一起时刻关注消防安全，共同创建美好家园。以下是消防安全管理制度，供参考。

制度名称	消防安全管理制度		受控状态	
			编　　号	
执行部门		监督部门	编修部门	

第1章　总则

第1条　目的。

为加强消防管理,预防和减少火灾发生,保护业主生命和财产安全,保障物业管理公司工作正常进行,遵循以人为本、预防为主的原则,根据《中华人民共和国消防法》等相关法律法规,结合小区实际情况,特制定本制度。

第2条　适用范围。

本制度适用于××物业管理公司火灾安全管理工作。

第3条　岗位职责。

1.物业经理职责:

(1)消防安全管理的总指挥,设立消防安全管理办公室。

(2)组织协调各个职能部门开展消防安全管理工作。

(3)制定相关消防预案。

2.安全管理部职责:

(1)定期定时进行安全管理工作的巡查。

(2)维护消防设施设备。

(3)配合政府部门开展相应的消防工作。

3.保安警卫部职责:

(1)维护消防演习的安全、秩序。

(2)负责联络、车辆调配、道路畅通、供电控制、水源保障等后勤保障工作。

(3)火灾发生时负责引导人员疏散自救,确保人员安全快速疏散。

第2章　消防安全预防管理

第4条　消防安全教育管理。

1.安全管理部配合政府相关部门定期组织业主学习消防法规和各项规章制度,宣传防火、灭火、疏散逃生等消防常识,做到依法防范。

2.安全管理部通过定期创建消防知识宣传栏、开展知识竞赛等多种形式,达到宣传、教育、培训的目的,提高全体业主的消防安全意识。

3.消防安全管理员对消防设施的维护保养和使用人员进行实地演示和培训,对物业新员工进行岗前消防培训,经考试合格后方可上岗。

第5条　灭火和应急预案演练。

1.消防安全管理办公室应制定符合本小区情况的灭火应急疏散预案。

2.消防安全管理员应组织全体业主学习和熟悉灭火应急疏散预案,增强业主面对火灾时的应急能力和逃生自救能力。

3. 消防安全管理员每次组织预案演练前应精心开会策划部署,明确分工。

4. 消防安全管理办公室应按制定的预案,至少每年组织相关人员参加一次演练。

5. 演练结束后,消防安全管理办公室应召开讲评会,认真总结预案演练的情况,发现不足之处应及时修改和完善预案。

第6条 消防安全检查管理。

1. 消防安全管理员每周对各楼宇进行一次防火检查,发放"消防安全责任书",普及日常生活中的火灾防范细节,提醒业主注意用电安全。

2. 消防安全管理员配合政府相关部门每年不定期进行业主消防安全大检查,提高业主火灾防范意识。

3. 消防安全管理员在检查中如果发现火灾隐患,应填写"防火检查记录",并按规定请上级部门签字确认。

4. 消防安全管理员应将检查情况及时通知受检业主。

第7条 火灾隐患整改。

1. 业主应及时消除存在的火灾隐患,若存在的火灾隐患应及时整改,并复查追踪改善。

2. 消防安全管理员在防火安全检查中,应对所发现的火灾隐患进行逐项登记,并将存在隐患情况的书面通知下发到各业主家中,限期整改,同时要做好隐患整改情况记录。

3. 在火灾隐患未消除前,业主应当落实防范措施,确保隐患整改期间的消防安全。

第3章 消防安全设施管理

第8条 安全疏散设施管理。

1. 业主应保持疏散通道、安全出口畅通,严禁占用疏散通道,严禁在安全出口或疏散通道上堆放杂物等影响疏散。

2. 消防安全管理员应按规定设置符合国家安全要求的消防安全疏散指示标志及应急照明设施。

3. 消防安全管理员应保持防火门、消防安全疏散指示标志、应急照明、火灾事故广播等设施处于正常状态,并定期组织检查、测试、维护和保养。

4. 严禁将安全疏散指示标志关闭、遮挡或覆盖。

5. 任何个人禁止乱拉乱接电线,"飞线"给电瓶车充电。

第9条 消防设施设备管理。

1. 消防安全管理办公室应设置消防设施专职管理员负责消防设施的日常管理工作。

2. 消防设施专职管理员应定期对消防设施的使用状况进行检查,保持设施整洁、完好。

3. 设备管理部应对消防设施及消防设备的技术性能定期进行维护和保养。

第4章 消防安全事故处理

第10条 消防安全事故上报。

1. 消防事故发生后,业主需要保持清醒的头脑,拨打消防电话,立即将事故上报。

2. 事故发生部门根据事故情况将事故上报消防安全管理办公室。

3. 情节特别严重的消防事故,消防安全管理办公室应将其上报政府相关管理部门。

第11条 组织、参与消防安全事故调查处理工作。

1. 消防事故发生后,消防安全管理办公室应即刻采取措施消灭火灾。

2.火灾消灭后,消防安全管理办公室应组织相关人员进行事故调查。

3.事故调查应查明事故原因、事故经过、事故责任人等信息。

第5章　奖惩办法

第12条　奖励办法。

1.在消防工作中发现火灾险情,并积极参与救援的业主,给予表彰奖励。

2.对于因个人原因故意或者过失导致火灾事故发生,造成损失的,填写"火灾损失统计表"并上报,弥补损失并予以惩罚。

第6章　附则

第13条　本制度由消防安全管理办公室负责编制、解释与修订。

第14条　本制度自××××年××月××日起生效。

编制日期		审核日期		批准日期	
修改标记		修改处数		修改日期	

4.4.2　巡逻处理消防常见问题

所谓消防,还是采取"以防为主,防消结合"的模式,在日常巡逻时要细化巡逻内容,加强对消防问题的排查,从而能够极大地减小消防事故发生的概率。因此,进行日常的小型安全隐患排查是非常必要的。日常巡逻中的消防常见问题如表4-6所示。

表4-6　消防巡逻常见问题

岗位编号		岗位名称		任职者姓名	
所属部门		直接上级		直接下级	
序号	巡逻内容			检查情况	
1	疏散通道、安全通道是否被阻塞				
2	烟雾报警器、应急照明、逃生疏散标志是否齐备				
3	消防设施和器材是否被圈占、损害、挪用、遮挡				
4	小区内的常闭式防火门是否处于关闭状态				
5	业主是否存在私拉、乱接电线问题				
6	业主在小区内是否焚烧垃圾、杂物				
7	业主是否乱扔烟头到花坛草坪中				
8	电气线路是否存在超负荷运作、线路老化等问题				
9	车辆是否违规占用消防通道				

序号	巡逻内容	检查情况
10	电动自行车充电时间是否过长,停放周围环境是否安全	
11	楼道是否堆放杂物和易燃、易爆物	
12	电力配电终端箱门是否关好	

4.4.3　实施消防应急预案

火灾防患于未然,消防责任重于泰山。在物业日常管理中会遇见各种各样的安全隐患,必须提前针对相应的问题进行防范。以下是消防应急预案,供参考。

方案名称	消防应急预案	编　号	
		受控状态	

一、工作目标

为做好物业管理公司的消防工作,确保业主的生命及财产安全,落实消防工作"以防为主,防消结合"的基本原则,应对小区突发的火灾事故,特制定本方案。

二、适用范围

本方案适用于××物业管理公司火灾应急管理的相关工作。

三、岗位职责

1.物业经理职责:

(1)组织设立火灾现场指挥部,了解火灾现场情况。

(2)指定专人到总机房负责通信、联络,确保通信畅通,提高通信效率和准确率。

(3)判断火灾类别和等级。根据火灾地点的燃烧物品、着火空间、范围,判断火灾类别、等级(在短时间内有能力自救的,可视为初级火情;超出初级火情的程度或火势虽小,但周围有易燃、易爆物品,可能引起爆炸和火势蔓延的,应视为中级及以上火情)。

(4)根据火灾类别和等级确定是否向公安消防部门报警,是否需要疏散人员。

(5)消防队员到火灾现场后,及时与消防人员联系,协助消防人员进行指挥。

(6)火灾扑灭后,组织人员保护好现场,清点人员、物资,做好善后工作。

2.安全管理部职责:

(1)接到报警电话后立即赶往火灾现场,并根据火灾现场的情况向物业经理提供有效的扑救方案。

(2)按物业经理指令负责现场指挥,组织义务消防员与就近员工投入救援工作,抢救人员和物资,疏散业主。

(3)立即派人向火灾现场运送消防器材。

(4)根据灭火需要,确定是否需要启用消防灭火系统。

(5)指派专人在底层控制电梯的使用及维护秩序。

（6）指派专人到工厂大门口迎候消防车的到来,并指引就近停靠消防车,带领消防人员进入火灾现场。

（7）向物业经理和公安消防部门提供有关区域的建筑结构和电气管道的架设布置情况。

（8）布置好火灾现场的警戒工作,防止发生其他治安问题。

3.安保警卫部职责:

（1）接到报警电话后迅速指挥无关人员、车辆撤离通道和停车场,消除消防障碍,保证道路畅通。

（2）维持现场秩序,迎接消防车的到达,并指明消火栓位置和指挥位置。

（3）确定警戒区域,禁止无关人员进入现场。

（4）在巡逻时如发现火情,需先切断电源,运用消防器材,全力进行扑救,并向安全部门报告。

四、问题及预防解决措施

1.问题一:家庭用电使用不合理引起火灾。

业主家中使用不合格的插线板或者超负荷使用插线板,导致过载、短路,或者使用劣质充电器、长时间使用充电器,从而引发火灾、爆炸等事故。

预防解决措施:

（1）物业管理公司配合相关政府部门定期走访业主住宅,尤其是需要帮助老弱病残人员及行动不便者检查用电线路是否处于超负荷状态、线路是否老化、配电箱是否完好等,及时消除安全隐患。发现问题要及时提醒,通过上报进行处理检修。

（2）通过张贴通告,提醒业主安全用电,如:出门记得断电,家用电器用完之后及时拔下插头,尽量在家中有人的情况下进行充电,最好不要边充边用,购买有安全标准的充电器和插线板,不使用存在破损的、漏电风险的插头及插座。

（3）不允许业主私拉、乱接电线,一方面影响美观和日常照明,另一方面增加了火灾荷载和电机线路故障的概率,物业管理公司要对私拉、乱接的电线进行及时清理,若经过多次劝说业主仍然意识淡薄拒不整改,物业可以对私拉、乱接的电线进行强制拆除。

2.问题二:乱扔烟头引发的火灾。

部分业主吸烟之后不及时掐灭烟头,将其随意丢弃到路边或者花坛中,增加清洁处理难度,且如果周围环境刚好干燥并附着可燃物时容易引起火灾;若遇到可燃气体、液体,会引发爆炸事故。烟头虽小,危害却大。

预防解决措施:

（1）物业公司在小区内多设置烟头专门丢弃点,方便业主将烟头熄灭和丢弃,体现物业管理人性化。

（2）在楼道等公共区域安装烟雾报警器并定期对其进行维修和保养,在各公共场所设置禁止吸烟标识。

（3）倡导业主要有公德和防火意识,不要卧床吸烟,吸过的烟头不要随意丢弃,吸烟之后要将烟头完全掐灭,禁止业主在公共场所吸烟,禁止高空扔烟头。

3.问题三:家中取暖引发火灾。

秋冬季节气候干燥,天气寒冷,家庭用火、用电、用气增加,业主采用燃烧煤炭、电暖炉、电热毯、充电式热水袋等方式取暖,当取暖设备操作不慎、使用不当时就容易引发火灾。

预防解决措施:

(1)采用煤炭取暖,严禁采用汽油、煤油、酒精等易燃物引火;不能紧闭门窗,注意室内通风,入睡后不要烤火,避免发生火灾和一氧化碳中毒。

(2)采用电气设备取暖,切忌长时间使用,不能在电气设备上覆盖和烘烤衣物,要保持与家具、墙体的安全距离,使用标准插线板,出门及时拔掉插头,切断电源,检查家中线路是否老化,避免使用大功率取暖电器,使用完之后须等一段时间,待温度下降再放在合适的位置,避免余热引发火灾。

4.问题四:电瓶车充电引起的火灾。

电瓶车一旦在室内爆炸起火,会造成人员伤亡、财产损失,室内人员逃生的概率渺茫,后果不堪设想。

预防解决措施:

(1)加强对电瓶车的管理,严令禁止电瓶车进入电梯,停放在楼道、家中或者阻塞消防通道,严禁私拉、乱接电线和"飞线"充电。

(2)物业管理公司为电瓶车提供可以遮风挡雨的专门停放点,防止电瓶车内部进水,引起短路导致车辆自燃;并为电瓶车提供足够数量的充电桩,保证周围环境空旷没有易燃、易爆物,解决电瓶车充电难的问题。

(3)业主要在正规厂家购买电瓶车和充电设备,在充电时远离可燃物,充电完毕后及时拔掉电源,电瓶车电池老化要及时更换。

5.问题五:杂物堆放引起的火灾。

业主会经常在楼道、消火栓箱内堆放杂物,影响居民进出通行,加大清洁难度,影响整体环境。天干物燥,遇到明火容易引发火灾,而且发生火灾时会产生大量浓烟,在楼道堆放杂物会影响整栋楼的人员及时有效疏散逃生。

预防解决措施:

1.物业管理公司要定期进行楼道巡查,提醒业主对楼道杂物进行清理,保持楼道的通畅整洁,对提醒无效、意识淡薄的业主则强制进行杂物清理,对于拒不配合的业主则按照《高层民用建筑消防安全管理规定》进行处罚。

2.物业管理公司在楼道间增设分类垃圾桶并及时进行有效清理,与业主间形成良性循环。

五、小区消防事故处置方法

(一)火情判断

当安全管理部接到报警电话之后立刻进行实地核实,根据火情的形势采用不同的处理方法。

1.火灾初发时:

(1)安全管理部应立即上报物业经理,并组织物业人员到火灾现场,采用就近的灭火器进行扑救,保护业主及贵重物品,争取将火情消灭在初发期。

(2)火灾消除后,安全管理部要做好现场保护工作,将其他地方尽快恢复原状,调查火灾发生原因,及时总结经验教训并追究有关人员的责任。

2.当发生火灾,且有蔓延趋势时:

(1)物业经理立即到达指挥位置,进行人员疏散、物资抢救。

(2)安全管理部迅速拨打119电话报警求助,讲清楚具体起火位置、火势大小、是否有人员受伤,并观察火势蔓延的方向和现场情况,向物业经理指挥组报告。

(3)组织业主进行疏散,将业主转移到安全位置,帮助火灾现场的业主做好自救及撤离现场的准备,稳定业主情绪,协助消防员维持好现场秩序;迫降消防电梯,运送消防员和灭火器材到火灾现场。

(二)疏散方法

1.楼层消防员维持消防电梯前的秩序,必要时配备应急照明灯,为疏散人员指引方向。

2.所有疏散人员应保持镇静,服从命令听从指挥,疏散人员在消防楼梯上应紧靠右侧依次下楼,一只手搭在前一人肩上紧接而下,另一只手使用湿毛巾捂住口鼻,匍匐前进,严禁挤、推、抢道,防止发生伤人、踩踏事故。

六、小区日常注意事项

1.保证小区消防基础设施建设,室内消火栓必须要有水箱和水带,不能损坏或者用来堆放杂物,室外消火栓有水是最基本的要求,不然会影响初期火灾的扑救,定期检查应急照明灯、灭火器是否被损坏。

2.长期保持消防通道的畅通,若存在占用、阻塞、封闭消防通道、疏散通道、安全出口或者有其他妨碍安全疏散情形的,会延误最佳救援时机。

3.加强物业管理公司的有效管理,加强对物业管理人员的消防安全意识培训,熟悉消防器材的使用,定期总结近期小区消防安全问题,并且及时回顾问题的处理情况,从而有效避免小区消防事故的出现。

4.还需要业主的积极参与,提高业主消防安全自我管理水平,物业要持续化、常态化地广泛宣传物业管理法律知识和消防知识,提高业主消防防范安全意识,让业主自觉维护好公共安全消防秩序。并定期举行消防安全演练,让业主会自救、能互救。

七、附则

1.本方案由安全管理部负责编制、解释与修订。

2.本方案自××××年××月××日起生效。

执行部门		监督部门		编修部门	
执行责任人		监督责任人		编修责任人	

第5章

客户服务管理

5.1

建立客户服务体系

建立规范完善的客户服务体系，能够提高客户满意度和客户忠诚度。物业管理公司要为客户提供高标准、高品质的服务，以提高公司的知名度和客户忠诚度。具体可通过相对固定的客户服务人员、具细化的关怀措施、规范化的客户服务流程等方面来实施。

5.1.1　设计客户服务体系方案

客户服务体系是提高公司客户服务质量水平和服务人员的综合素质、优化客户服务环节的重要管理体系之一。针对公司现有客户服务体系存在的问题，制定客户服务体系的方案并严格执行，以保证客户服务水平的提高。以下是建立客户服务体系方案，供参考。

方案名称	建立客户服务体系方案	编　　号	
		受控状态	

一、目标

1. 完善及规范物业管理公司的客户服务体系，提高客户服务工作的效率。

2. 厘清各部门的职能，提高客户服务的服务质量。

3. 提高客户对公司所提供的客户服务的满意度和忠诚度，扩大物业管理公司在客户心中的影响力。

二、适用范围

本方案适用于有自己的客户服务团队的大型物业管理公司开展、建立客户服务体系的工作。

三、岗位职责控制

1. 物业管理部：监督客户服务部方案进展，对方案可行性进行评估。

2. 客户服务部：统筹方案设计工作，进行方案设计。

3. 清洁部、物业监督管理部等：负责协助方案的实施。

四、客户服务体系设计原则

1. 以客户至上为宗旨，尽可能满足客户的合理要求。

2. 从客户的实际需求出发，为客户提供真正有价值的服务。

3. 贯彻"良好的客服形象、良好的技术、良好的客户关系、良好的品牌"的核心服务理念，通过提供广泛、全面和快捷的服务，使客户体验到无处不在的细致服务。

五、客户服务体系搭建

1. 完善的人员管理体系。

(1)团队构建。物业管理公司开展客户服务工作时，要组建专业的客户服务团队。

（2）培训。对员工定期进行职业道德及岗位专业能力培训。若员工在工作中有疑问和困难要及时对其进行辅导及解答，对工作人员的仪容仪表进行规范化培训。

（3）岗位职责划分明确。避免重复性工作及工作职责不清晰导致的人员冗杂、责任推卸。

（4）人员稳定。若服务性岗位的人员流动性大，则对接客户时容易造成对客户信息了解不完善、工作效率低等问题，同时在客户心中对公司的形象也会产生负面评价，所以要提高客户服务人员工作的幸福感，增强工作人员的工作稳定性。

2.细分客户服务对象。不同的客户物业管理公司所提供的服务内容以及模式会有所不同，为了更好地针对客户需求提供服务，对客户服务对象进行细分是非常必要的。

（1）根据物业类型进行细分，可以划分为商场物业客户、办公物业客户、写字楼物业客户、住宅物业客户、工业物业客户、公建物业客户和其他。

（2）根据物业产权类型划分，可以划分为公司客户和个人客户。

3.详细的服务内容。当前物业管理公司客户服务内容主要针对房地产开发商进行房屋交付后，产生的一系列服务项目。主要包括以下10种服务项目。

（1）入住服务。客户入住时赠送欢迎礼品，对客户表示欢迎，给客户留下好印象。

（2）装修管理服务。协助客户促进装修工作的开展，如装修工人临时出入证的办理等。

（3）客户档案管理服务。建立完善的档案管理制度，对客户的档案进行管理。

（4）客户投诉处理服务。耐心接受客户的投诉，及时受理、及时调查、及时反馈。

（5）公共设备设施管理服务。对公共区域的设施、公共事务进行日常管理。

（6）环境卫生服务。公共区域环境绿化、日常消杀、公共区域清洁、上门清洁等服务。

（7）安全管理服务。包括物业管理区域内的治安防范、消防设施管理和车辆登记、停车场管理等服务。

（8）咨询服务。将客户对物业管理费用、公共设施等所提出的疑问进行解答。

（9）上门维修服务。完善保修机制，做到修理请求及时受理、及时反馈。

（10）费用收缴服务。根据物业管理费用清单进行物业管理费用收缴、催收等服务。

4.规范的服务流程。

（1）日常服务。明确服务项目—工作人员培训及监督—进行日常服务工作—服务效果评价及完善。

（2）超值服务。受理客户需求—了解服务内容—相关工作人员匹配—进行超值服务工作—服务效果评价及完善。

5.完善的制度建设。

（1）客户投诉机制。投诉热线须24小时有工作人员值守，保障客户问题能够及时解决。可开通线上投诉热线及24小时线上投诉登记，方便业主反映问题。同时通过专用APP或小程序进行投诉受理流程推送，实时更新投诉事件办理进度。

（2）奖惩机制，赏罚分明。将客户投诉处理结果与绩效挂钩，督促相关责任部门完善服务质量，认真处理投诉事件，解决问题。

（3）人员管理机制。完善人员晋升程序，实行考核评分，优胜劣汰；提高工作人员的工作能力和工作水平。

（4）内部监督机制。完善内部监督机制，规范员工的工作行为，提高员工的综合素质水平。

六、客户服务体系的评价与更新

物业客户服务部需要制定统一的客户服务标准,对服务效果进行评价。评估标准有:客户服务人员是否稳定且综合素质水平是否达标、服务内容是否全面、客户是否满意公司所提供的服务、制度是否完善、体系是否适合公司当前的发展模式。

根据评价情况进行客户服务体系的完善与更新,通过制度的完善促进执行方式的转变,从而提高服务质量。做到彰显公司形象、与时俱进、提高客户满意度。

七、疑难问题及解决措施

1. 问题一:客户服务体系更新慢,服务内容不完善。

解决措施:

(1)以楼、栋为单位,选出楼、栋业主代表,每月召集一次业主代表座谈会。业主代表进行问题反映,客户服务部信息整理人员要注意反映信息的收集与整理。

(2)客户服务部人员对业主反馈的意见进行筛选、讨论,提出解决措施以及需要修改、增加的服务内容,形成文字性的报告,报上级审批。

(3)根据审批结果,与时俱进更新制度。

2. 问题二:相关制度不完善,工作人员存在懈怠和侥幸心理。

解决措施:

(1)行政部进行相关制度制定时,要进行基本情况调查,制定适宜的管理制度和机制。

(2)完善奖惩机制和相关福利制度,提高员工积极性。

(3)完善岗位发展渠道,提高员工工作内驱力。

3. 问题三:客户服务质量不高。

解决措施:

(1)定期对服务人员进行专业化的培训,提高服务水平。

(2)对服务人员的服务水平进行量化考核。

(3)标准化的礼貌用语和形象管理,给客户营造良好的服务形象。

八、附则

1. 本方案由客户服务部负责编制、解释与修订。

2. 本方案自××××年××月××日起生效。

执行部门		监督部门		编修部门	
执行责任人		监督责任人		编修责任人	

5.1.2 制定物业服务定价方案

物业服务定价是物业水平的体现,较低的定价会导致客户对物业服务水平产生怀疑,较高的物业服务定价会导致客户对物业服务产生排斥心理。所以,物业管理公司要进行合理的物业服务定价。以下是物业服务定价方案,供参考。

方案名称	物业服务定价方案	编　号	
		受控状态	

一、目标

1. 以提高客户满意度为目标,制定合理的定价方案。

2. 响应国家发展和改革委员会、住建部联合印发的《物业服务定价成本监审办法(试行)》文件指示精神,提高物业服务收费的科学性、合理性。

二、适用范围

本方案适用于大型物业管理公司进行相关物业服务费用定价工作的开展。

三、岗位职责

1. 财务部:成本核算,进行服务项目最终定价。

2. 行政部调查员:协助走访调查,整理信息。

3. 客户服务部:同行业社区走访调查,收集信息。

四、定价原则

物业服务定价应当合理、公平、公开、透明以及费用与服务水平相匹配。具体可根据不同住宅类型及客户的特点,由客户和物业管理公司按有关规定进行约定。定价要让客户感受到物有所值、物超所值。具体费用定价可参照国家发展和改革委员会、住建部关于印发《物业服务收费管理办法》的通知。

五、定价服务项目

1. 基础类。基础类服务项目包括公共设施采购、安装、检修、更换、养护,客户档案管理,公共安全秩序管理,清洁服务,绿化服务及其他服务。

2. 附加类。附加类服务项目包括代理租售业务、上门维修、房屋上门清洁服务、老人日常起居照顾、宠物看护、大件衣物清洗及其他附加服务。

六、成本核算

进行服务项目的成本核算。具体可分为以下三个方面。

1. 产品购买成本:公共健身器材、垃圾桶、垃圾袋、清洁用品等的购入成本。

2. 人力成本:清洁人员、护理人员、修理人员、管理人员等人力成本的支出。

3. 产品维护成本:产品更新升级、产品售后维护等支出。

七、行业内同类服务定价调查分析

1. 调查对象:主要了解另一地区内的同一档次的物业管理公司服务定价水平。

2. 调查方式:通过互联网查找物业服务定价水平报告、国家发布的物业定价实施管理条例,以同行业物业公司走访的形式进行服务定价调查,了解不同标准的物业服务所指定的物业服务价格。

3. 分析方式:整理调查结果,综合本公司所提供的服务实际情况,进行对比分析。

4. 可能影响定价的因素:物业服务地区分布、物价水平、服务设施水平、提供服务项目的多少。

八、定价策略选择

物业管理公司要根据物业服务收费项目的不同,灵活选择定价策略。具体可参考以下三种定价策略。

1. 参考法定价策略。即通过参考同类型物业管理公司对于同档次的客户实施的定价策略,保证不亏损的前提下,制定略低于或等于同行业公司的物业服务价格。

2.捆绑定价策略。即通过降低主要产品定价并适当提高其连带消耗品价格的方法，来提高利润的定价策略。如购买停车位赠送免费洗车服务等。

3.分级定价策略。即根据缴费时间长短,进行分级定价的策略。如停车场停车的收费定价,可一次性终身购买、租赁10年、租赁5年,根据时间长短不同进行分级定价,年限越长折扣力度越大。

九、实施定价

物业管理公司财务部根据调查结果和数据分析,进行产品的最终定价,编制物业服务项目标准定价表,上报财务主管审批,审批通过后进行公示。

十、附则

1.本方案由财务部负责编制、解释与修订。

2.本方案自××××年××月××日起生效。

执行部门		监督部门		编修部门	
执行责任人		监督责任人		编修责任人	

5.2

▶▶

解决入住及客户服务过程中的问题

业主入住后,物业管理公司需要进行持续的服务跟进,解决入住以及客户服务过程中的突发问题,提升业主入住后的幸福指数和业主对物业管理服务的满意度。物业管理公司若对客户服务过程中的问题不加以解决,则会导致房屋入住率下降、楼盘购买率降低,甚至造成"空楼"现象。

5.2.1 日常服务问题清单

在进行日常服务问题处理时,物业管理人员要始终秉持客户至上的原则,以服务的态度、快速的反应,为业主提供专业的服务,并解决问题。

表5-1是物业管理公司在日常服务中,可能遇到的物业日常服务问题及相应的解决措施,供参考。

表 5-1　物业日常服务问题清单

序号	问题详情	负责部门	解决措施
1	房屋存在漏水、漏电等安全隐患	安全管理部	(1)设立隔离带,张贴警示牌,并在业主楼栋、群发布提示公告 (2)及时联系安全管理部进行处理 (3)定期进行房屋质检、保存质检记录和凭证

序号	问题详情	负责部门	解决措施
2	门禁卡外借、倒卖	安全管理部	(1)门禁卡要进行实名制登记发放 (2)门禁小程序要进行实名制绑定
3	安保人员上班消极怠工、无基础安全防卫技能	安全管理部	(1)提高安保人员的招聘录用标准 (2)邀请专业格斗人员,定期进行安保人员格斗技巧的培训和考核 (3)每季度进行一次安全演练,提高安保人员对突发状况的应急能力
4	公共健身设施损坏率高、维修难	质量管理部	(1)在公共健身设施场所贴温馨提示 (2)物业质量管理部质检人员对健身器材每月巡检一次,及时发现问题并联系厂商进行维修 (3)采购部加强供应商审核,提高公共健身器材的质量审核标准
5	部分业主无绳遛狗咬伤行人	安全管理部	(1)发布拴绳遛狗提示信息,告知无绳遛狗的危害,温馨提示业主拴绳遛狗 (2)采购遛狗绳分发给遛狗业主,间接性提醒业主拴绳遛狗
6	宠物随地排泄、未及时打扫	安全管理部	(1)在主要遛狗区域设立温馨提示 (2)在主要遛狗区域增设垃圾桶,采购并放置清扫工具
7	绿化环境无人清理、维护	清洁部	(1)对全社区的清洁区域进行明确划分 (2)清洁人员进行分区域打扫
8	消防器材更新不及时,设备老旧、破损	安全管理部	(1)物业安全管理部公共设施检修员对消防设施每月巡检一次,如实记录检修情况并进行登记 (2)对过期及损坏的消防器材进行及时更换
9	电梯突发故障造成业主恐慌	安全管理部	(1)物业安全管理部值班室客服人员要24小时轮班值守 (2)对突发状况做到及时了解、及时反馈、及时处理 (3)采购部要定期和电梯安装公司沟通,对接售后线下服务人员让其对电梯进行常规检查和检修 (4)对于受到惊吓的业主,要聘请专业医护人员进行心理疏导

序号	问题详情	负责部门	解决措施
10	社区游泳池存在安全隐患	安全管理部	（1）对社区游泳池进行日常安全隐患排查，发现问题立即解决 （2）在显眼位置张贴警示牌及温馨提示 （3）配备专业泳池急救人员，以便应对突发情况
11	处理业主投诉效率低、业主满意度低	客户服务部	（1）针对投诉问题进行分类并分析，健全投诉业主二次回访制度 （2）对客户服务部投诉处理人员进行礼仪、礼貌用语、问题处理能力等方面的技能培训，提高工作人员服务的专业度 （3）确认各部门问题处理责任人，保证投诉处理效率

5.2.2 超值服务项目清单

物业客户服务中，基础的客户服务项目差异小，服务模式单一。物业管理公司可以通过向客户提供超值服务项目，提高客户满意度、生活幸福指数，从而提高客户对物业服务的信任度，增进客户和物业间的交流与沟通，便于物业管理公司其他工作的开展。表5-2是超值服务项目清单，供参考。

表 5-2 超值服务项目清单

序号	项目概要	项目详情	注意问题
1	代理装修	客户由于上班等原因，白天无法监督装修情况。物业可承包第三方装修，协助客户监督装修进度等	（1）查验第三方装修公司资质 （2）明确责任主体，客户对装修效果负主要责任
2	定向线路通勤班车	与社区附近工业园区合作，开设通勤班车线路，客户可以包月购买乘车票的方式乘坐班车	（1）前期进行调研，了解社区上班族通勤地点分布、上班时间、开设通勤班车的意愿度等 （2）需为社区客户购买乘车意外险

序号	项目概要	项目详情	注意问题
3	外卖跑腿	特殊情况外卖无法上门,一般都只能送到小区门口。则可以考虑提供外卖代取服务,由社区服务人员统一进行外卖领取后送货上门	(1)采购外卖保温箱进行外卖存储 (2)完善外卖领取表格,避免外卖被误领、漏领
4	快递代寄	部分客户由于上班等原因,白天无法邮寄快递,可以提供快递代寄服务	(1)对邮寄信息进行准确统计 (2)将邮寄快递表单的凭证留存 (3)邮寄物品及快递表单须拍照
5	中药代煎、封装	客户无专业便捷的煎中药、封装设备,可以为客户提供中药代煎服务	(1)封装设备要符合质检标准 (2)煎中药设备要进行及时清洗、消毒,具体可参考地方医院煎中药设备及操作标准
6	上门保洁服务	为客户提供便捷的保洁服务,如日常生活垃圾清扫,家用电器、窗户玻璃清洁	(1)对保洁人员进行专业培训 (2)强化保洁人员的职业操守意识,避免私人物品遗失、损坏等纠纷
7	衣物干洗服务	针对上班族没有时间洗衣服、顽固污渍难以清除、大件衣物不想清洗等困扰,为客户提供洗衣服务	(1)对于高价值的衣物进行登记并标记,避免衣物损坏 (2)洗衣服务定价要合理,具体可参考周边洗衣店的定价
8	修鞋、裁剪等便民服务	招募社区针线活熟练的客户,为其提供设备和场地,开展服务工作	(1)制定标准定价表 (2)提供固定场所
9	代缴水电费、煤气费、宽带费	与收费项目所在地运营商进行合作,定期集中收费代缴	(1)留存缴费凭证 (2)对于特殊人群可采取上门服务
10	代订、代送牛奶、书报	针对客户需求,为客户代订、代送新鲜的牛奶、每日送报上门	(1)可与牛奶、书报供应商合作,为客户争取优惠价格 (2)对牛奶供应商要进行甄别
11	代接、代送儿童入托、入园及上、下学	客户由于上、下班时间冲突,无法接送孩子上、下学时,物业可提供代接、代送服务	(1)选拔有耐心、细心的物业服务人员开展工作 (2)接送状态进行每日一报,建立客户与物业服务人员间的信任 (3)对同一学区的孩子可选择统一接送管理,减少人力成本

序号	项目概要	项目详情	注意问题
12	搬家服务	为客户提供完善的搬家服务,协助客户进行大件物品搬运、贵重物品包装等	(1)与搬家公司进行合作,为客户争取优惠价格 (2)注意保证客户的个人物品完好无损
13	代洗车辆	在停车区开设洗车服务,客户与物业管理处签订洗车合约。客户下班回家仅需将钥匙交给物业服务人员,就可享受洗车服务	(1)制定标准定价 (2)避免集中洗车,使服务能力过载
14	代请家政、家教	代请钟点工、保姆、家教、家庭护理员	(1)制定详细的物业服务人员选择标准 (2)与客户要多沟通,明确客户需求,根据需求进行筛选和确定
15	病人护理	代客户送病人就医、喂药、医疗看护等护理工作	(1)进行详细评估,选择专业的、行业口碑优秀的护理公司,以合作的形式组建社区护理服务团队 (2)对护理人员进行专业的护理知识培训
16	上门维修	对基础水电等设备进行上门维修服务	(1)对维修部维修人员进行专业能力培训 (2)不同地区合理分配维修人员,确保能够及时解决客户问题

5.2.3 收缴物业费主要问题

当客户缴纳物业管理费时,一般会持有谨慎和怀疑态度。若物业管理费过高,收费明细含糊不清,可能导致客户对公司的不信任,甚至拖欠、拒缴物业管理费。所以,物业管理公司要了解收缴物业管理费的主要问题,对可能会发生的问题提出解决措施。

表5-3是收缴物业管理费主要问题及解决措施,供参考。

表 5-3　收缴物业管理费主要问题及解决措施

序号	问题详情	解决措施
1	物业服务收费项目冗杂,收费标准不清晰,导致客户拒绝缴纳物业管理费	(1)制定简洁明了的物业服务收费项目清单,以年为单位公示物业收费项目及价格标准 (2)在客户微信群实时交流,对客户不清楚的收费项目进行解答
2	客户认为物业管理费用高,拒绝缴纳费用,要求降低物业管理费的标准再进行缴纳	(1)对费用构成明细进行详细说明和公示 (2)实行市场调节价的物业服务收费标准,在物业服务合同中约定
3	客户认为物业服务质量不高,所以拒绝足额缴纳物业管理费,要求免除一部分金额再进行缴纳	(1)检查自身服务质量是否符合标准并将相关记录向客户公示 (2)明确物业服务标准,按照标准进行服务,对服务质量进行定期的评估和提升
4	客户声称目前没钱,要求暂缓缴纳物业管理费	(1)向客户解释缴纳费用的必要性和拖欠物业管理费的危害 (2)走访住户,向其邻居了解具体情况。如因为经济困难,确实无法及时缴纳物业管理费,则对情况进行登记反馈,待上级同意后暂缓缴纳。如故意拖欠,则通知其尽快缴纳物业管理费
5	客户认为自己没有使用公共健身器材,所以要少缴物业管理费	(1)对客户进行公共服务费用的公示说明 (2)向客户解释公共健身器材等公共设施建设是属于社区规划阶段已计入的成本。客户入住则自动默认为接受该项服务支出
6	物业服务口碑差,客户对物业不信任,故意拖欠物业管理费	(1)物业服务部要改进自己的服务,提高口碑和客户的信任度 (2)完善物业服务标准并进行公示,接受客户的监督

5.2.4　客户投诉处理流程

物业管理公司处理客户投诉时,需要迅速采取行动。如果处理不及时,会造成客户满意度下降。所以,物业管理公司要对客户投诉处理流程进行完备的设计,按照流程规范化地处理客户投诉。客户投诉处理流程如图 5-1 所示。

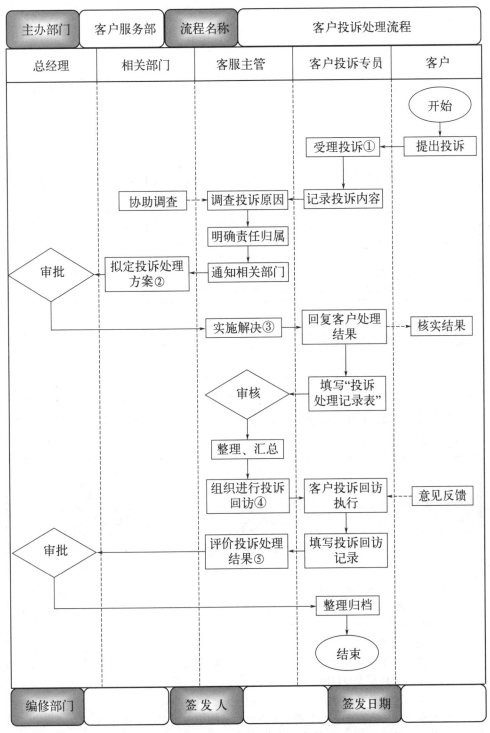

主办部门	客户服务部	流程名称	客户投诉处理流程	
总经理	相关部门	客服主管	客户投诉专员	客户

开始

受理投诉① ← 提出投诉

协助调查 → 调查投诉原因 ← 记录投诉内容

明确责任归属

审批 ← 拟定投诉处理方案② ← 通知相关部门

实施解决③ → 回复客户处理结果 --→ 核实结果

审核 ← 填写"投诉处理记录表"

整理、汇总

组织进行投诉回访④ → 客户投诉回访执行 --→ 意见反馈

审批 ← 评价投诉处理结果⑤ ← 填写投诉回访记录

整理归档

结束

编修部门		签发人		签发日期	

图 5-1 客户投诉处理流程

客户投诉处理流程中的关键点说明如表 5-4 所示。

表 5-4　客户投诉处理流程中的关键点说明

关键点	详细描述及说明
①	虚心接受投诉、耐心倾听对方诉说。接受客户的投诉时要向客户表示歉意,向客户承认不足之处并表明解决问题的诚恳态度
②	拟定投诉处理方案时要进行综合考虑,制定备选方案以应对解决过程中的突发问题
③	实施解决要高效。对于一般性投诉应自受理日起 3 日内解决并反馈给客户,严重性投诉自受理日起一周内解决并反馈给客户
④	对客户进行投诉回访要及时。通过回访了解服务工作的质量、效果和客户满意度
⑤	对处理结果的评价要客观、全面,保证已经彻底解决了客户的问题。对相似问题进行分类总结,促进各部门优化服务内容

5.2.5　客户档案管理办法

客户档案是物业管理公司了解客户的直接途径,只有更好地了解客户,才能够更好地为客户服务。建立完善的客户档案管理办法,能够促进物业管理公司客户服务工作的高效开展,增强客户对物业管理公司的信任感。以下是客户档案管理办法,供参考。

办法名称	客户档案管理办法		受控状态	
			编　　号	
执行部门		监督部门	编修部门	

第 1 章　总则

第 1 条　目的。

为了更加详细深入地了解客户,掌握客户具体人员构成情况,规范化服务客户,更加及时、高效地解决客户提出的问题,以便和客户建立良好的关系,增强客户对物业的信任感,特制定本办法。

第 2 条　适用范围。

本办法适用于×××物业管理公司关于客户档案管理工作的实施。

第 3 条　管理职责与权限。

1.物业管理部负责对物业客户服务部的日常工作进行指导帮助、监督管理与考核。

2.物业管理部负责建立健全物业客户服务部的工作职责和工作记录,对物业客户服务部的工作人员进行培训,对其服务质量进行评价及考核。

3.物业客户服务部负责指派物业客户档案管理人员,负责客户档案管理工作,对客户档案管理工作负主要责任。

第2章 收集客户档案资料

第4条 安排客户服务部信息收集员进行信息上门收集。

1.收集资料主要包括:入住通知书、产权证复印件、二次装修资料、人员信息登记表、备用房门锁、水电表和水电表编号等。

2.以线上线下相结合的形式进行信息收集。简单信息可以线上收集,重要资料需要上门收集。

3.针对老年人以及残疾人等特殊群体,需要上门收集信息,并进行特殊标记,以便后期工作的开展。

第3章 管理及储存客户档案

第5条 建立纸质和电子结合模式的客户档案系统。

1.对客户档案信息进行汇总登记,纸质版登记收集并录入电子系统,分类标记和储存。

2.与能够提供高效、安全的档案数字化管理系统的公司合作,使用高效的数字化办公系统进行档案的管理。

3.为避免停电、电脑系统崩溃等现象造成的档案信息不能及时调出、信息丢失、信息泄露等情况的发生,公司必须在进行数字化档案管理的基础上,辅助使用纸质版信息登记进行档案管理。

第6条 储存客户档案

1.将档案资料按照"一户一档"的方式进行登记,资料名称要进行排序、标号,按照序号排放资料,并按楼层分类放在档案储藏柜中。

2.档案储藏室要符合"防火、防潮、防盗"的安全标准,安排档案管理员定期进行干燥、通风和除尘。对于有破损的资料要及时进行修补或复印替换。

3.档案管理室要配备备用钥匙,以便发生突发情况时能够及时取用档案。

4.数字化档案管理系统要定期聘请专业人员进行系统防护,避免客户档案的泄露。

5.对员工要定期进行职业道德和专业技能培训,避免员工利用职位便利盗取客户及重要资料,给客户造成损失,同时也使物业管理公司和客户之间产生信任危机。

第4章 更新客户档案

第7条 对档案进行动态管理。

1.每月进行一次客户档案资料的整理归档。

2.客户由于变更部分信息,导致资料无效时,须根据客户所提供的资料将原有资料进行替换。对于有变动的信息,要及时记录并将纸质版信息和系统内的信息更新,并注明信息更新记录。如客户常住人口增加、进行二次装修改造、房屋转租、水电表编号变动等。

第5章 使用客户档案

第8条 档案的取用或查阅要进行登记。

1.档案查阅时需要进行档案查阅信息登记。

2.档案仅供物业管理公司员工因工作需要时查阅或借出使用,非工作原因或非物业管理公司员工未经批准不得查阅或借出档案。

3.对于一些重要信息的查阅,客户具有知情权。如客户产权证复印件、客户个人身份证复印件等信息的使用,需告知客户,经客户知晓并同意后再进行下一步工作的开展。

4.档案管理员不得传播档案内容。

5.档案不可复印、不可带离档案室。

第6章 销毁客户档案

第9条 销毁客户档案程序要公开、透明且合规。

1.客户由于卖房、移民等原因需要搬离住宅,与公司解除物业服务关系的,应当对其档案储存信息进行登记,对于储存的资料进行核销。

2.根据现存的客户档案资料,制作客户档案核销清单,重要资料须当面销毁。如失效的产权证复印件、个人身份证复印件等。需要留存的票据等信息进行登记并告知原客户。

3.客户需要对核销清单进行签字确认并按手印。核销清单一式两份,一份客户留存、一份客户档案管理部留存归档。

第7章 附则

第10条 本办法由物业客户档案管理部负责编制、解释与修订。

第11条 本办法自××××年××月××日起生效。

编制日期		审核日期		批准日期	
修改标记		修改处数		修改日期	

5.3

▶▶

社区生活服务与文化建设

社区生活服务与文化建设是提升客户居住幸福感的有效途径。物业管理公司可以通过对社区生活服务与文化建设进行设计,丰富社区生活服务种类,有效地提高社区客户的居住幸福感,同时也能够促进社区客户之间的交流与沟通,以构建邻里间的友好关系,形成团结友爱的社区氛围。

5.3.1 组织实施社区生活服务

客户的需求是多样的,物业提供的社区生活服务也是多样的。在准确地了解业主需求的前提下,物业管理公司可以结合实际的服务能力和水平,实施社区生活服务。

图5-2是实施社区生活服务步骤,供参考。

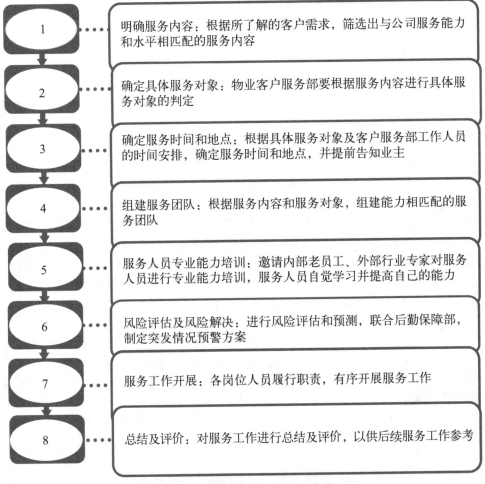

图 5-2　实施社区生活服务步骤

5.3.2　策划社区文化活动步骤与方案

策划好一个社区文化活动，需要具备一定的统筹协调能力，所以需要对策划社区文化活动的步骤有充分的了解。

社区文化活动策划步骤如图 5-3 所示。

策划住宅区的社区文化活动，活动主题不同，活动主体也会有所不同，如老年人、上班族、小孩。有不分群体，针对小区所有业主的；也有针对年龄或不同群体来划分的。如：亲子交流会、空巢老人关怀活动等。

以下是社区关爱空巢老人之传统文化交流活动策划方案，供参考。

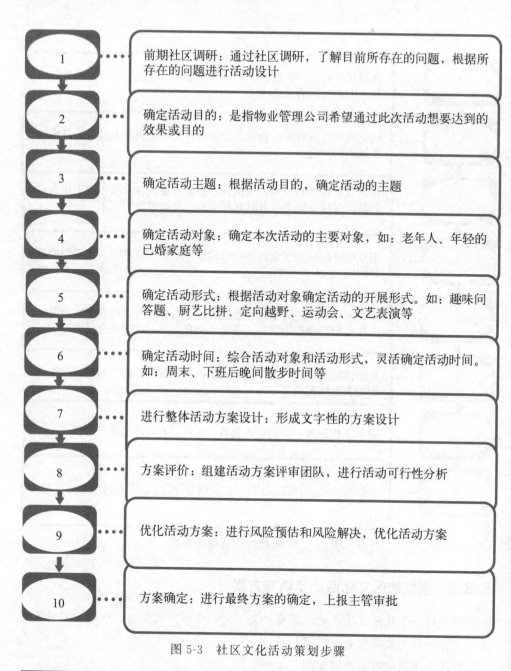

图 5-3　社区文化活动策划步骤

方案名称	社区关爱空巢老人之传统文化交流活动策划方案	编　号	
		受控状态	

一、目标

1.解决我国老龄化趋势下老年人的生活枯燥、缺乏关爱的问题,为老年人送去关怀。

2.吸引并号召社区中青年人群加入关爱老年人的队伍中来,使该活动具有持续影响力。

3. 提升业主对物业服务的满意度,彰显物业管理公司的社会责任感。

二、适用范围

该方案适用于指导××物业管理公司在中、高档住宅区举行服务性社区文化活动。

三、岗位职责控制

1. 客户服务部负责对此次活动方案进行统筹,控制方案实施进度及对方案实施效果进行评估。

2. 后勤保障部提供后勤保障工作。保障物资及时供给,协助进行场地布置。

3. 采购部负责活动所需物资的采购。产品采购要对采购成本进行控制。

4. 质量管理部协助监控产品质量,保障产品质量。

5. 清洁部工作人员负责保障活动场地的卫生,为本次活动提供一个舒适的环境。

6. 工作人员负责维护活动场地的秩序。

7. 医疗应急人员须具备基本的医护常识,能对老年人的突发状况进行及时、合规的应急处理。

8. 业主委员会志愿者服务小组协助活动举办相关事宜。

四、活动流程

(一)组建活动小组

活动小组的人员主要由客户服务部人员构成,后勤保障部工作人员、清洁部工作人员、秩序管理部工作人员、医疗应急人员提供相应的辅助工作。由业主委员会牵头,组建志愿服务小组,协助活动顺利举行。

(二)确定活动基本信息

1. 活动主题:关爱空巢老人之传统文化交流活动。

2. 举办时间:举办时间宜定在周六 14:00～17:00,时长共 3 小时。

3. 举办地点:地点遵循就近原则,可选择在社区的文化活动中心举行。

4. 活动对象:关爱老年人群体是我们每个人的责任。因此,此次活动的对象为社区老年人、中年人、青少年。以户为单位进行报名,根据报名情况进行参与活动人员数量的预估。

(三)活动相关事项上报审批

1. 与社区居委会、街道办事处相关负责人联系,取得同意及配合。

2. 场地申请及审批。

3. 活动经费申请及审批。

4. 设备使用申请及审批。

5. 物资采购清单明细上报及审批。

(四)作品收集和动员报名

1. 对社区内擅长书法、绘画及有剪纸艺术等手艺的老年人进行摸底,并了解相关情况。

2. 对社区广场舞团队信息进行了解。

3. 根据摸底了解情况,动员老年人报名参与传统文化表演活动和手工艺品展示活动。

(五)设置活动项目,制定节目单

1. 社区绘画、书法等作品展示及普及。

2. 进行绘画、书法等活动的现场教学。

3.传统文化知识问答,答对的人奖励小礼品。

4.传统文化节目表演。

5.组织大家合影留念。

6.以户为单位,送老人回家。

7.对于没能到达现场参加文化交流活动的老人进行上门慰问。

（六）活动前期宣传

根据节目单制成活动宣传海报,在社区门卫处发放传单、社区公告栏处张贴海报,针对有特殊情况的业主进行入户宣传。

（七）举办前场地布置等其他相关事项

1.采购部采买所需物资。

2.后勤保障部协助客户服务部进行设备的调试与安装。

3.客户服务部人员及业主委员会志愿服务小组根据活动项目设置对场地进行布置。

（八）活动如期举行

1.根据活动项目流程举行活动。

2.客户服务部宣传人员要进行图片和视频的拍摄记录。

3.后勤保障部、医疗应急人员、安保人员须随时在岗,以应对突发情况。

（九）活动效果宣传

活动举办结束后,客户服务宣传人员整理并筛选活动的照片和视频素材,形成图文报告,在公众号和短视频上分别推送文章及发布视频,扩大影响力,增强活动反馈效果。

（十）活动效果回访

通过公司内部客户服务部工作会议讨论、业主反馈两种渠道,对此次活动进行评价及总结,为以后举办类似活动提供参考。

五、疑难问题及解决措施

1.问题一:安全问题。活动场地存在安全隐患;老年人身体素质较差,难以接受较长时间的活动安排;食物存在安全隐患,给活动参与人员提供的食物不卫生。

解决措施:

（1）老年人是特殊群体,要注意老年人的活动时间安排,合理安排活动时长,建议总活动时长不超过两小时,每隔半小时进行自由活动与放松。

（2）确定活动地点时,要安排安全管理部相关人员对活动场地进行安全隐患排查,结合举办的活动项目进行安全问题预估和安全问题解除,对于存在风险的活动项目进行修改或删除。

（3）检查后勤服务部提供的食物质量,将易变质、难以储存的食品更换成不易变质、易储存的食品。

2.问题二:活动参加人数少、参与力度不够。

解决措施:

（1）邀请老年人喜爱的广场舞表演团队参与活动,活动时积极与参与者互动,设立抽奖等环节,以提高老年人参与的兴趣。

（2）针对参与人群的多样性,丰富活动的项目种类,将不同类型的活动项目合理进行交叉分布。

（3）合理设置活动地点,建议设立在社区文化活动中心,因为距离近,老年人更愿意参与。

　　3.问题三:活动目的效果不明显,无有效反馈。

　　解决措施:

　　(1)活动设计要强调主题、强调特色。如设立老人的个人技能交流环节,让老人展示自己的才艺和技能,无形中让其感受到个人成就感和个人价值。

　　(2)聘请外部专业主持人主持活动,主持时须把握整体节奏,松弛有度,推动活动流程的开展。

　　(3)将此次活动转化为周期性活动,定期举办,保障互动效果的持续性,在业主心中形成记忆点,增强活动效果。

　　六、附则

　　1.本方案由客户服务部负责编制、解释与修订。

　　2.本方案自××××年××月××日起生效。

执行部门		监督部门		编修部门	
执行责任人		监督责任人		编修责任人	

第6章

物业公共关系管理

6.1

维护策划公共关系

公司的生存和发展很大程度上依赖于它所面临的环境，以及公司和这种环境之间和谐的公共关系。所谓公共关系是指物业管理公司为改善与社会公众的关系，促进公众对公司的认识、理解和支持，建立起基于信任的连接关系，从而获得有利于长期发展的和谐稳定的社会环境。

6.1.1 策划与指导公共关系维护

公共关系的目标是建立良好的企业形象，从而得到社会公众的认可和支持，改进经营运作模式。维护公共关系，是物业管理公司顺利开展工作的重要保障之一。策划和指导公共关系维护有利于物业管理公司与外界建立良好的企业联系，促进公司的良性循环发展。

指导策划公共关系流程如图 6-1 所示。

指导策划公共关系流程中的关键节点说明如表 6-1 所示。

表 6-1　指导策划公共关系流程中的关键节点说明表

关键点	详细描述及说明
①	公关主管通过行政专员收集的信息，分析公关现状，明确公共关系存在的主要问题和原因，并了解物业管理公司形象的选择和规划
②	公关主管确定公关目标，提交公关部经理审核，审核通过交由公关主管进行下一步流程；若审核未通过则交由公关主管继续重新确定公关目标
③	公关主管选择和分析目标公众，由公关专员配合
④	公关主管制定公关行动方案后，提交公关部经理审核，经物业总经理审批，通过后则交由公关主管编制公关预算；若审批未通过交由公关主管重新制定行动方案
⑤	公关主管分解公关行动方案，下达公关行动任务，公关专员在公关主管的领导下，负责执行具体的公关策划活动

6.1.2 协调与行政主管部门的关系

一个成功的企业，至少兼具两种能力：一是运营好企业内部的能力；二是运营好行政公关的能力。物业管理公司与政府联系紧密，在物业管理过程中都有与

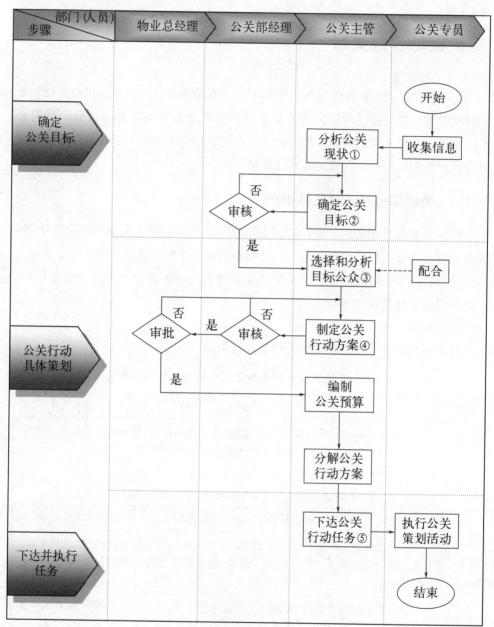

图 6-1　指导策划公共关系流程

之相对应的行政部门进行有效监督和帮助，为公司的正常运营构建了和谐的政府关系环境，提高物业管理员及公司整体的工作效率和服务水平。

物业管理公司在协调与行政主管部门的关系时，协调事项清单和注意问题如表 6-2 所示。

表6-2　协调事项清单和注意问题

序号	协调事项	配合部门	注意问题
1	业主违规搭建、改建,将非居住功能客厅、生活阳台等区域进行改装,损害其他业主合法权益	城管部门	物业有义务以劝说或劝阻的方式进行制止,态度要良好,避免发生言语和肢体冲突。但物业并没有强行拆除的权力,只有制止无效时才能由城管部门介入进行整改或予以其行政处罚
2	业主乱停放车辆,导致小区内道路、过道堵塞,以致交通不畅,影响居民正常出行	公安交管部门	停车场由物业安全管理部负责维护,接受公安交管部门的检查、指导,在管理过程中不得私自对车辆造成损害,要对业主停放在停车场的车辆的安全负责
3	楼梯口、过道和小区出口处消防通道被占用	消防救援部门	物业要经常提醒业主在小区道路停车不能堵塞消防通道影响消防救援部门通行,楼道不能堆放易燃易爆物、杂物等,发现问题一定要配合消防救援部门及时清查,排除安全隐患
4	小区治安管理和公共安全问题	公安部门	小区门禁不能形同虚设,物业要对来访客进行实名登记,但要避免给业主造成不必要的麻烦,增加限速标志,设置高清摄像监控,物业和公安部门协调推进治安管理,保障业主安全
5	小区业主入住后不缴纳水费、电费、燃气费等问题	供电局、水务局	物业管理公司要先催促其缴纳相关费用,不能直接对业主断水、断电,物业要与供电局、自来水公司、石油液化气等公司建立长期良好关系,保障居民的日常生活
6	人为活动产生的生产噪声污染、生活噪声污染干扰他人正常生活	公安部门	公安部门要及时警告,警告后拒不改正的处以罚款,处理此类案件,物业和公安部门都应该以教育、调解为主,以达到缓和邻里矛盾,促进社会和谐的目的
7	小区清洁卫生和环境保洁	环保部门	物业进行垃圾定点搜集并且由环保部门及时进行清运,定期对公共部位进行清扫保洁,避免影响业主正常生活,营造优美宜人的小区环境
8	小区排水和排污问题	水务局	设置市政排污管,要考虑当地的污水处理工艺,一般设置成地下式或半地下式,形成地下污水处理站,从而达到美化环境的目的,同时还要注意埋藏、通风、除臭等问题,提升设备效能

序号	协调事项	配合部门	注意问题
9	小区绿化工作	园林局、绿化委员会	小区绿化必须重视适用原则和科学引种原则,合理解决植物与建筑、管线之间的矛盾,提高空间利用率,重视日常养护,修剪砍伐工作都应该在园林局和绿化委员会的指导下进行

综上所述,在住宅小区物业管理中,行政主管部门涉及业主生活的方方面面,行政主管部门须对自己监管的行业和专业领域切实担负起监管职责,将物业监管真正落到实处,避免出现管理漏洞和潜在纠纷,危及业主的公共安全和社会稳定。

对于物业管理公司而言,要协调好与各行政部门的关系,在履职过程中要和相关行政主管部门加强沟通,充分发挥公司优势,积极协助行政部门参与事务管理服务,将对物的管理和对人的服务紧密结合为一体。

6.1.3 处理与街道办事处和居委会的关系

街道办事处是基层政府的派出机关,协助政府参与物业管理,并且负有调解业主矛盾、保证居委会和业主之间的密切联系等重要任务,在物业管理中起着承上启下的重要作用。因此,街道办事处参与物业管理工作的成效直接影响了业主的生活幸福指数和权利受保障程度,为上下级行政部门服务业主时提供了客观保障。

居委会、物业管理公司和业主委员会被视为一个结构健全小区的三种基本组织,它们共同构筑并拉动了小区治理的"三驾马车"。居委会和物业管理公司作为小区治理中权力运作的主体,彼此间没有从属关系,而是处于横向层面的互动关系,物业管理公司应主动接受居委会的监督、检查和指导,配合居委会做好小区管理和维护工作,共同保障业主合法权益。

物业管理公司处理好与街道办事处和居委会的关系至关重要,协调事项清单和注意问题如表 6-3 所示。

表 6-3 协调事项清单和注意问题

序号	事项清单	注意问题
1	强化小区基层组织建设,提高业主参与公共事务管理的积极性	小区业主虽数量众多,但参与意识不强,物业管理公司要配合街道办事处做好摸排、群众宣传等工作,以业主需求为切入点,打造特色品牌服务,齐抓共管,共建共治

序号	事项清单	注意问题
2	监督专项维修资金使用	小区专项维修资金应当专项用于住宅公用部分,如公用设施的维修、更新和改造等,不得挪作他用,物业管理公司要主动接受街道办事处的监督,防止资金滥用,定期公示,防止损害业主利益
3	协调小区纠纷	当业主发生邻里矛盾、业主和物业之间有纠纷时,居委会要先了解双方诉求,不偏不倚当面进行调解,态度好有耐心
4	做好基层工作	物业要与居委会共同做好小区综合治理工作、老龄工作、妇女工作、青少年教育工作等基层群众工作
5	做好社区文化建设	物业管理公司要深刻了解业主需求,注意与业主建立紧密联系,打造雅俗共赏、娱乐大众的通俗文化,加强活动宣传,积极引导业主文明参与,为精神文明建设做贡献,推动社会文明进步
6	明确居委会、物业管理公司、业主委员会三者关系和各自职责范围	明确区分三者的权利义务,三者都是小区建设的基础力量,但是目前三者在管理和创建活动中尚未形成有效的统一体,影响小区建设和发展

综上所述,街道办事处和居委会都是为了和物业一起更好地配合从而实现高质量服务,打造和谐小区,加强物业服务建设水平,促进物业管理高效运营,发挥管理的最大效益,以维护全体业主的利益,尽可能地提高业主满意度。

6.2 ▶▶

公关危机处理

现代公共关系,实际上就是从公关危机开始的。危机是指能够潜在地给企业声誉或信用带来负面影响的事件或活动,如公众的指责批评、恶性事故等。危机如果处理不当,必将带来严重后果,甚至给企业带来致命打击,影响企业的生存和发展。

6.2.1 建立公关危机预警方案

企业应及时进行危机公关处理，将一些潜在的危机扼杀在萌芽状态，尽可能减少必然发生的危机所带来的损失，这就成为企业及时止损的关键。公共关系管理能否达到预期的效果，关键在于防患于未然以及企业是否有缜密的公关计划方案。

以下是公关危机预警方案，供参考。

方案名称	公关危机预警方案	编 号	
		受控状态	

一、目的

凡事预则立，不预则废。这里将对下文几个典型公关危机问题来源、发展、风险、危害等方面进行分析，并针对具体问题制定相应的公关危机预警方案，通过合理地预见危机，在危机来临时从容应对，达到有效规避危机的目的，将危机变成"转机"，以高水平应对，最终实现高效管理的目标。

二、适用范围

本方案适用于××物业管理公司在物业服务管理过程中对突发典型的公关危机问题进行预警。

三、危机的定义及其等级划分

危机具有客观性、突发性、高度不确定性、无序性等特征，根据危机给物业管理公司造成损失严重的程度，物业管理公司将危机划分为三个等级。

（一）一般危机

外部表现：业主对物业管理公司的管理行为进行少量投诉及谴责。

内部表现：员工因工资待遇、劳动关系等原因出现一般性矛盾纠纷。

（二）较大危机

外部表现：业主对物业管理公司的管理行为出现投诉和谴责的数量不断增加，问题事件被曝光，物业管理公司正常的管理活动受到一定程度的影响。

内部表现：员工与公司间的矛盾纠纷不断增加，采取罢工、破坏等抵抗措施；公司非机密性信息被员工泄露。

（三）重大危机

外部表现：物业管理公司面临的投诉、谴责、网络评论和新闻报道大量出现，其服务已经明显威胁到业主利益，随时可能对业主造成伤害，政府执法部门介入，物业管理公司无法进行正常的物业管理活动。

内部表现：员工与公司间矛盾纠纷非常严重，出现集体罢工、破坏等抵抗措施；公司机密性信息被员工泄露。

四、职责分工

在物业管理过程中，针对不同的危机等级可以成立不同的公关危机预警组织，未雨绸缪，提前防范和准备，以便能够有计划、有组织、有针对性地处理危机。同时，在明确公关危机预警岗位职责时，要秉承服务至上的理念，达到预防危机、维护和提升物业管理公司企业形象的目的。

1.物业总经理:以服务和监督为核心,时刻对各种危机保持高度的敏感性和警惕性,善于观察危机"信号",规划、指导公关预警工作的大方向和总体思路。

2.公关部经理:在公关预警创意、预警活动上进行提前策划组织,协助物业总经理对公司形象进行相关的公关宣传活动,对公司下达的任务及时有效完成,对部门人员的任务完成程度、活动进度等各项工作进行记录。

3.各部门经理:细化考核机制和工作流程,细化目标并明确各自责任,及时有效地下达工作任务。

4.公关主管:制定和执行公关危机预警方案。对搜集获取的信息进行分析鉴别,保证内容的真实性,并及时作出预测和反馈,在必要时候发出危机警报,做好危机应变的准备。

5.公关专员:进行资料的搜集,完成日常工作和上级交代的临时性、紧急性的任务,不断提升经验和水平,做好内部公关的同时也日常维护好与业主的关系。

6.媒介专员:对于媒体和公众中有关公司信息的内容应及时收集和整理,对有损于品牌和公司形象的内容要及时汇报。

五、危机问题及预警解决措施

1.问题一:业主拒不缴纳物业管理费,产生物业纠纷。业主不缴纳物业管理费的原因有两个:一是业主自身诉求没有得到物业管理公司的妥善答复和解决,因此故意拖欠物业管理费;二是物业管理费太贵,业主支出困难。这就导致了未缴纳物业管理费的业主与按时缴纳物业管理费的业主同样享受物业服务,部分业主会出现抱怨、不满等情绪,进而拒缴物业管理费,物业管理公司没有足够的资金运转就不得不降低服务成本,从而导致服务标准下降,业主小区生活质量下降,形成恶性循环。

解决措施:

(1)物业管理公司按照规章流程为业主办实事,让业主熟悉物业管理公司的具体职责和服务内容,转变服务观念,形成良好的服务态度,直接从源头上解决问题,不断提升自身的服务水平和服务质量,提高业主满意度,让业主在享受优质服务的同时愿意主动地为服务买单。

(2)物业管理公司对于拒不缴纳物业管理费的业主要分析其不缴纳的原因,及时了解业主的诉求。如果是业主对物业服务不满意,要及时沟通并听取业主的建议,将业主不满意的地方更正,并及时将物业的处理结果反馈给业主,定期做好业主回访工作,努力得到业主的认可。如果是业主觉得物业服务费过高,则可以定期公示物业服务费、收费标准、收费依据,努力得到业主的理解,让业主感受到物业工作收费的合理性。

(3)如果业主无正当理由拒不缴纳物业管理费,物业管理公司可以进行有效催收,但是不能采取停水、断电等违法方式给业主造成损失,要避免激化业主与物业管理公司间的矛盾。可以走法律途径解决,通过法、理、情有效结合化解物业管理公司和业主之间的矛盾与误解,努力达成共识,为创建美好家园而共同努力。

2.问题二:小区公共收益是指由物业管理公司对小区公共部分进行经营从而获得的收益,常见的有小区公共部分的广告收益、停车位收益、租赁摊位收益等。小区公共收益归全体业主所有,并由全体业主支配和使用。但小区业主众多,凡是涉及公共利益,业主们容易对其提出质疑,进而容易对物业管理公司产生误解,影响物业管理公司相关活动的开展,加深业主与物业管理公司之间的隔阂。

解决措施：

（1）物业管理公司必须将公共部分的经营和收益情况以合理方式向业主公开，并向业主大会和业主委员会报告，定期在公告栏上向全体业主公示加盖公章的公共部分经营情况和具体收支明细，履行服务管理义务，保障业主的知情权和监督权，如果业主对相关明细有疑问，必须予以配合，要做到问心无愧，经得起业主查账，维护物业管理公司的尊严。

（2）小区公共收益的科目细分为两种：一是业主大会收益户，用于核算全体业主所有的公共收益，如公共区域停车费、小区泳池等；二是门牌幢收益户，用于具体核算部分业主所有的收益，如电梯、楼道广告等。所以物业管理公司在将收益具体分配的时候要具体问题具体分析，不能混淆，避免引起业主不满。

（3）小区公共收益的性质及特点决定了业主需要对物业管理公司进行有效监督，避免对公共区域收益造成侵权，损害业主利益，因此物业管理公司要坚持做透明管理。

3.问题三：在物业管理的过程中，业主大会很难集中到全体业主。业主委员会忽略了业主诉求，业主的权益得不到保障；业主委员会对业主进行骚扰、恐吓等违法行为，侵犯业主合法权益。无论哪种都会引发业主不满，激化业主间矛盾，导致小区混乱和衰败。此时业主们很容易将矛头转移到物业管理公司身上，认为是物业管理公司不作为或乱作为，引发谴责和投诉，不利于物业管理。

解决措施：

（1）物业管理公司和业主委员会要依法成立，明确双方各自的职责所在，依法履行各自的职责，让业主能够及时跟进、协调处理相应问题；工作程序规范、公开透明、合理合法，真心实意为广大业主办实事。

（2）建立监督机制，共同维护广大业主的利益，互相成就、相互配合，努力将业主委员会的作用突显出来。

（3）提高业主参与积极性。如涉及业主自身利益，让业主能够代表自己说话；积极参与业主委员会的筹备和管理工作，使之与物业管理公司更好地配合，为业主提供实现规范化、专业化服务。

4.问题四：房地产开发商遗留问题，比如房屋漏水、基础设施不完善等问题，业主得不到有效维权则容易将抱怨、指责等情绪全部转移到物业管理公司，满意度降低。

解决措施：

（1）物业管理公司要与业主积极沟通，给业主普及相关物业知识，向业主灌输物业管理公司和房地产开发商是两个独立主体的概念。

（2）物业管理公司前期与房地产开发商做好交涉，尽可能避免后期发生问题；物业管理公司有义务将业主的问题和房地产开发商进行有效沟通和积极跟进处理，协调房地产开发商进行整改，搞好服务。

（3）物业管理公司要将公共区域维护好，有限度地去把物业工程部能维修的东西维修好。

5.问题五：员工高强度劳作，基本权利得不到保障，产生懈怠情绪，员工与物业管理公司间的矛盾纠纷不断增加，导致服务水平直线下降，业主利益得不到保障，从而激化矛盾。

解决措施

（1）重视对员工管理的同时加强对员工的培训，注重对物业管理人员的选拔、培训和储备,提高物业管理人员专业素质和法律水平,做有责任、有担当的物业服务人员,实现精细化管理。

(2)物业管理公司制定相关的工作制度并严格执行,保障员工权利,制定奖惩制度,激发员工工作积极性,弥补已有制度的空白和遗漏,适应社会对物业管理专业化、综合化的需要。

六、注意问题

物业管理公司要制定公关危机预警方案,通常应该注意以下问题。

1.在物业管理中,公关危机预警方案要具体问题具体分析,有所侧重,分清各项解决措施的轻重缓急。

2.公关危机预警方案应该站在一定的高度,立足于团队的长远发展。要及时根据潜在危机的变化发展对公关危机预警方案进行相应调整。

3.公关危机处理的预警方案要尽可能详细,即看了就能操作。

4.制定公关危机预警方案时一定要让团队成员全程参与,这样才有利于他们对危机的预防和解决。

5.参照以往的经验和教训,公关危机预警方案对潜在危机要具有前瞻性和灵活应变性,对以后的类似危机具有指导性。

七、附则

1.本方案由公关主管负责编制、解释与修订。

2.本方案自××××年××月××日起生效。

执行部门		监督部门		编修部门	
执行责任人		监督责任人		编修责任人	

6.2.2 处理公关危机

公关危机并不是常规的公共关系工作,只有在危机没能预防得当之后才会出现"公关危机处理"和"形象恢复和重建"等一系列须善后的事情。因此完成对该公关危机事件的处理,有利于把企业的损失降到最低,并实现转危为安的目的。

处理公关危机流程如图 6-2 所示。

处理公关危机流程中的关键节点说明表如表 6-4 所示。

企业公关危机处理既要着眼于当前企业公关危机事件本身的处理,又要着眼于企业良好公关形象的塑造。好的公关服务和公关活动不仅能够使企业转危为安,甚至实现逆转,提升企业形象和品牌知名度都是有可能的,当然这就取决于公关危机的全局策略和具体执行的情况。因此在处理公关危机时,应注意表 6-5 所列问题。

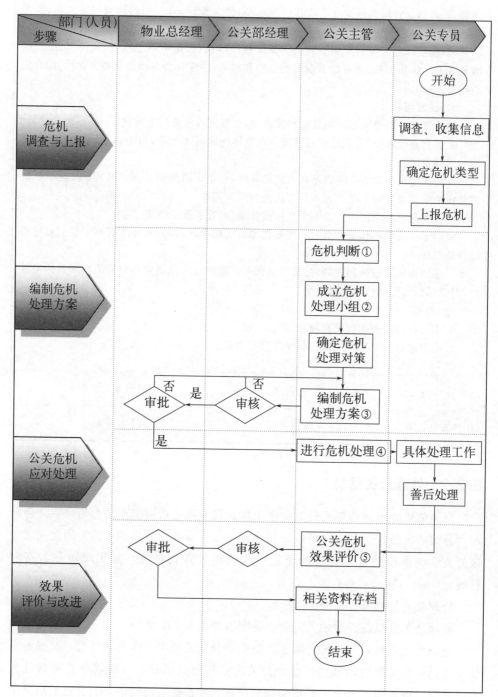

图 6-2　处理公关危机流程

表 6-4　处理公关危机流程中的关键节点说明表

关键点	详细描述及说明
①	公关主管通过已收集的公关资料分析公关现状,对危机进行判断,具体需要判断危机爆发的原因、是否会爆发以及爆发的时间和后果等
②	公关主管成立危机处理小组,小组成员根据企业内外部环境制定相对应的公关危机处理对策
③	公关主管根据资料、以往危机应对经验和方案,确定的危机处理对策,确定危机处理程序、处理方式、具体负责人员等,并编制公关危机处理方案,提交公关部经理审核,物业总经理审批,审核、审批不通过都要重新编制方案
④	公关主管须将危机处理方案分解到各个阶段,公关专员负责具体处理工作及善后处理工作
⑤	公关危机事件处理完后,考虑危机处理相配套的善后工作,公关主管需要对危机处理效果进行总结并编制成报告,从中吸取经验教训

表 6-5　处理公关危机注意问题

注意问题	具体描述
及时响应	快速反应是公关危机的第一原则,发生危机时一定要第一时间积极响应,各职能部门要及时采取紧急措施控制事态发展方向,避免事态发展严重。成员作出反应的时间越短,危机的影响程度就越弱,导致的损失也就越轻
谨慎对待	1.勇于承担责任、不逃避,态度明确、坦率诚恳,以友善的精神风貌赢得公众的好感。企业应积极把握市场动态,摸透市场规律,沉着冷静地处理危机,这样才能有效化解危机
	2.口径统一、保持前后言论一致,避免因企业人员的言辞差异,让媒体与公众从中找到不利言辞,从而产生误解
	3.选择正规专业手段来解决,引入权威第三方,开放信息,增加透明度,重拾公众信任,这样既能有效解除企业危机,又能维护企业形象
确保实施质量	1.要具体问题具体分析,根据真实情况制定应对策略,确保危机处理实施的可行性,有所侧重,分清各项解决措施的轻重缓急
	2.应从全面的、整体的、未来的、创新的高度进行企业公关危机事件的处理,变危机为机遇,努力取得多重效果和长期效益,并对以后出现的类似危机具有指导意义

注意问题	具体描述
善于沟通	1. 要先与全体员工沟通，让大家了解事件发生的细节，让大家更好地配合公关危机活动
	2. 与媒体加强沟通，第一时间坦诚并及时向媒体提供真实情况，以及随时提供事件发展情况，避免事件被恶意解读和传播
	3. 加强与政府部门的沟通，得到政府相关部门的支持、谅解和帮助，以免引起误解和不必要的恐慌
关注后续	关注后续舆论。危机的善后处理往往是一个长期的过程，对于后续的舆情关注和处理也需要长期跟进，以维护企业长期的品牌形象

第 7 章

物业资产管理

7.1

房地产资产调查与评估

物业管理公司相较于其他第三方的房地产中介公司，在专业和管理等方面有着得天独厚的优势。物业管理公司开展以房地产为主的物业交易有利于盘活各种资产，增加利润和现金流，实现经营效益和目标，而房地产的相关交易，如抵押、租赁、担保、商品房开发与销售等环节都离不开对房地产资产的估价。因此，做好房地产资产调查与评估工作有利于当下大型物业管理公司向物业资产管理的收益性方向发展。

7.1.1 房地产市场调查

在广义的市场调查中，通常采用综合性市场调查的方式对房地产市场进行全方位的调查，最终获得反映房地产市场的信息数据，对其进行整理分析后形成市场调查报告。而在调查前首先须明确房地产市场调查的具体流程，这样才有利于物业管理公司有序地开展相关工作。房地产市场调查流程如图 7-1 所示。

房地产市场调查流程中的关键节点说明表如表 7-1 所示。

表 7-1　房地产市场调查流程中的关键节点说明表

关键节点	相关说明
①	市场开发部主管要根据公司的战略规划，选定调查目标，制订符合当下需求的调查计划，报市场开发部经理审批后方可实施房地产市场调查准备工作
②	市场开发部主管进行调查的准备工作，包括调查方案的设计、调查方法、调查步骤、人员安排、时间地点的确定等
③	市场调查专员分组根据调查方案执行调查计划，在调查中注意根据实际调查对象的情况，判断目标是否定得过高或过低，并向市场开发部主管反馈相关信息
④	市场开发部主管在整理、统计和分析调查资料的过程中切忌主观判断，要请求公司内部其他部门的协助，设定合理的假设，统一各变量参数，听取其他部门的意见，最终得出科学、客观的调查结果
⑤	市场开发部主管依据分析结果编写市场调查报告，注意把握调查报告的敏感性、可靠性、科学性和指向性等特征，并且在报告中提出对市场开发的建议和需要注意的问题

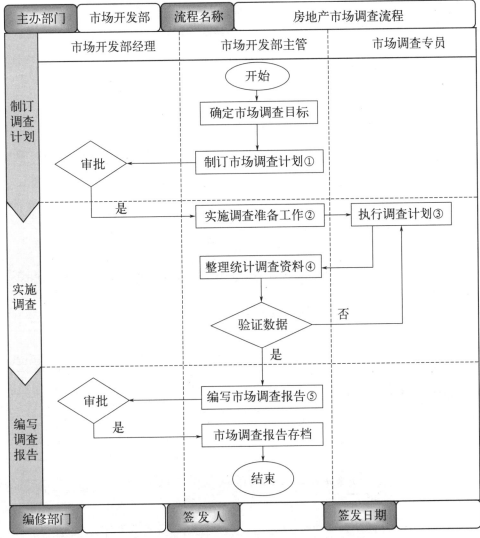

图 7-1 房地产市场调查流程

7.1.2 房地产资产评估

设计出逻辑清晰、职责分明的房地产资产评估的具体工作流程，有利于高效地开展房地产资产评估的相关工作，并对其进行有效的监督控制。房地产资产评估流程如图7-2所示。

房地产资产评估流程中的关键节点说明表如表7-2所示。

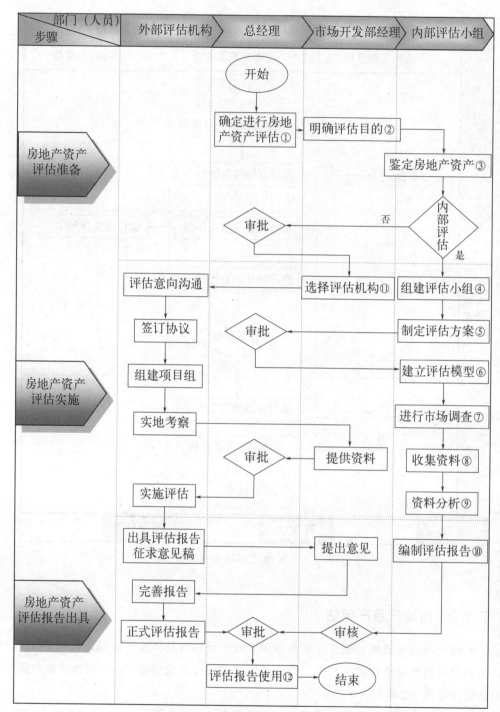

图 7-2　房地产资产评估流程

表 7-2　房地产资产评估流程中的关键节点说明表

关键节点	相关说明
①	房地产资产评估项目属于公司战略层面,应由总经理任公司内部评估小组的组长,根据具体的项目评估类型,统筹全局,精心设计,组织内部评估小组制定出符合实际的资产评估方案
②	市场开发部经理可担任内部评估小组的副组长,负责执行总经理的决策,进一步明确评估的目标,协助总经理选取内部评估小组成员
③	内部评估小组各成员发挥各自所长,运用自身专业知识,对目标房地产资产的基本情况进行分析,重点依据其复杂程度和所需工作量判定自身有无对其进行评估的能力,如果没有能力对其进行评估,要在第一时间向市场开发部经理和总经理汇报,并说明原因
④	物业管理公司的内部评估小组成员主要由财务部、审计部、市场部和工程部等部门的专业人员构成,其作用主要是对公司的内部房地产资产进行评估,提供评估的参考意见供管理层决策使用
⑤	内部评估小组依据资产评估的目标,制定具体的工作方案,方案中应包括评估对象、任务分配、资产评估具体步骤、特别注意事项等板块,最终评估方案提交给总经理审批
⑥	在建立评估模型中要重点把握房地产非完全市场性、非成本因素的重要性以及房地产的不可分割性,区别于其他有形资产建立房地产资产的评估模型
⑦	市场调查工作中应该重点从一般因素、区域因素和个别因素三个方面分别开展对影响房地产价格原因的调查
⑧	收集评估资料的过程中,大部分资料来源于公司内部的房地产实体和权益资料,其他资料则需要通过现场勘探和必要的调查访问等方式获取,需要强调的是,撰写评估报告所需的资料也需要一并收集
⑨	资料分析是整个房地产资产评估过程中的关键环节,在物业管理相关的房地产资产评估中,通常采取收益法的评估方法,运用收益法所需要的分析方法对资料中量化的数据进行计算
⑩	内部评估小组在编制资产评估报告的工作中,应明确报告的类型,以报告的最终作用为导向,把握报告的各项基本要素,按照规范的步骤进行编制
⑪	市场开发部经理根据内部评估小组的建议,按照已有的招标方案,开展资产评估的招标工作,最终选取最适合本项目的评估机构
⑫	物业管理公司对资产评估报告的运用主要体现在房地产资产相关的转让、置换、租赁、抵押、销售等商业行为上

最后,需要重点强调的是,在涉及两方或两方以上的房地产相关交易中,一定要按相关法律法规要求,共同请第三方专业的房地产资产评估机构对标的物进行评估。

7.2

物业租赁管理

通过多种物业租赁的营销推广方式，获取更多的潜在租户，明确物业租赁主客体的资质管理，在租赁的过程中强化风险管理，确保物业租赁全流程的顺利实施，最终增加公司利润，有利于提高公司的资金周转率和经营业绩，在竞争激烈的市场环境中稳步发展。

7.2.1 制定租赁方案

制定出一个租户信用评价体系完备、经营预算管理健全、租户风险管理强化、租金管理合理的物业租赁方案是物业租赁计划顺利实施的关键前提。以下是物业租赁方案，供参考。

方案名称	物业租赁方案	编　号	
		受控状态	

一、目标

通过对物业租赁工作中的经营预算管理、租金管理、主客体的资质管理、营销服务管理等相关工作的要点、常见问题及解决措施等项目进行设计，促进物业租赁方案指导下的物业租赁全流程得以顺利实施。

二、适用范围

本方案适用于指导×××物业管理公司旗下或代管的已建成并投入使用的各类房屋及其与之配套的设备、设施和场地（以下简称物业）的租赁管理相关工作。

三、物业代管租赁的程序

明确物业代管租赁的大致程序，有利于制定出权责分明、互利共赢的租赁方案，物业代管租赁程序如下。

1. 物业委托出租登记。
2. 客户委托承租登记。
3. 物业考察与评估。
4. 委托确认与合同签订。
5. 费用收取与登记备案。
6. 房屋交验与租后服务。

四、经营预算表编制要点

根据物业租赁整体的市场情况，编制出合理的经营预算表，有利于根据预算目标，制定出目标清晰、动力充足的租赁工作方案，保证物业租赁各环节向着总目标运作前进。

编制合理的经营预算表需要注意以下3个要点。

1. 经营预算在物业租赁工作中主要体现为销售预算，而销售预算具备基础性和关键性特征,表现为对销售预测的计划具备指导作用,是公司维持经营的主要来源,因此在经营预算中要把销售预算作为主要目标,集中力量实现以房屋租赁为主要项目的销售目标。

2.明确经营预算表的构成有利于降低物业租赁业务的成本,提高物业租赁业务的利润,相较于传统生产制造型公司,物业管理公司中的经营预算表主要体现为销售预算、推销预算和管理费用预算。

3.在经营预算表的编制中应明确经营预算与财务预算的关系,健全预算管理体制,提高预算信息共享的效率,推动经营预算与财务预算协同运作,以提高资源的配置效率,减少资源浪费,最大限度地发挥财务数据的指导性作用,最终实现公司的战略目标。

五、租金管理的风险来源及解决措施

物业租赁的租金管理工作主要体现为如何定价和如何收取两个方面。依据国家相关法律法规,重点参照前文所述房地产资产评估得到的估价,最后把握市场供求规律和承租人的经济能力等因素,合理确定租金。收取租金需要做好明确租金缴纳时间、滞纳金收缴和发放收租通知单等方面的管理工作,依据合同对租金收取工作进行严格要求,提高租金收取的效率。

(一)租金管理工作的风险来源

明确物业租金管理过程中的风险问题,有利于提出对应的解决措施,以下为物业租赁工作中租金管理的风险来源。

1.来源于客户本身的风险。部分客户在租赁物业后,总是推迟支付租金的时间,或是直接拖欠租金,目的是利用该现金流去赚取更多的经济利益,此类客户的行为很可能会导致公司的租金不能按时收回,甚至无法收回,最终导致公司的经营管理发生财务上的坏账损失。

2.来源于客户信用体系不健全的风险。由于缺乏制度对行政管理征信、金融征信和商业征信三大体系的信用信息进行统一整合,加上部分客户本身的财务结构不是很完善,流动资金占用比不高,资金链极易受经营风险影响而发生断裂,导致客户无法支付租金,最终导致公司的经营管理发生财务上的坏账损失。

3.来源于公司管理者的风险。部分物业租赁工作的管理者和工作人员片面追求经济效益,为了自身的业绩增长,罔顾租金风险的管理,在与客户达成交易前没有对客户进行有效的信用调查和经济能力分析,最终导致公司的经营管理发生财务上的坏账损失。

(二)解决措施

针对上述风险,可以从3个方面制定解决措施,分别是事前加强对客户的风险管理,事中建立健全合同审批制度,以及事后完善租金的催收管理办法。

1.加强对客户的风险管理。依据客户的偿债能力、财务状况和无力支付时可用于抵押的资产状况,新增客户从事行业的发展前景、经济环境、竞争能力、政策因素等风险的分析,根据以上指标对客户进行信用评级,满分为100分,60分及以上为合格,60分以下为不合格,合格者可正常采用押一付六的租金支付方式,不合格者则需要预付全部租期的租金并提供等额的担保或资产抵押。

2.建立健全合同审批制度。明确合同审批的流程和关键过程控制,在合同的审批中,须运用分级分类的方式,坚决杜绝越级违规审批的情况。同时招租营销工作的直接管理者应避免片面强调数量而忽视质量,须把招租营销的质量纳入基层工作者的绩效考

核中,最后在实际的收租过程中根据租户交租情况又划分相应的实际交租信用等级,根据等级采取不同收账策略。

3.完善租金催收风险管理。针对事后发生的少部分坏账情况,公司租赁业务部和财务部要杜绝推诿的现象,明确业务人员的岗位职责,建立正确的催收程序,由业务人员进行催收,财务人员负责应收账款的回笼和监控,最后齐心协力,减少公司应收账款,确保公司租赁业务的顺利经营,最终实现公司利润的提升。

六、物业租赁主客体管理计划

物业租赁的主体为出租方和承租方,客体则为已建成并投入使用的归物业管理公司所有或代理管理的各类房屋及其与之配套的物业。明确主客体的资质、法律上应具备的各种条件,有利于物业管理公司制订物业租赁主客体的管理计划,降低租赁过程中的风险,确保主客体双方实现互利共赢的目标。

1.物业管理公司应提前在内部明确自身所有物业和受托管理物业的具体数量、价格、分布特征和紧急出租程度等要素,准备好房地产产权证、委托管理证件等相关证件,同时须拥有管理和修缮的能力的资质证明,做好物业租赁前期的准备。

2.物业管理公司应在租赁谈判之前就明确承租人的承租目的,应以自住或自用为主,明确承租人是否具有完全民事行为能力,判定承租人是否具备合理使用房屋的能力,其中重点判定其支付租金的能力大小并进行量化。

3.物业管理公司应通过详细的调查,排除未依法取得房屋所有权证、未取得房屋共有人同意的、权属有争议的、属于违章建筑的、不符合安全标准等存在各类风险的物业,依法向承租人出租合法的物业。

七、营销服务管理计划

明确市场营销对于创造需求和实现利润的重要性,针对各种目标客户群制定差异化的营销策略,最大限度地获取顾客,协调好与顾客的关系,通过优质的服务,让顾客承租本公司的物业,具体营销服务管理计划详见本书 7.2.2 物业招租制度。

八、注意事项

1.在租金催收管理的工作中,要明确服务至上的理念,采取良好的催收态度,若信用表现一贯良好的租户,由于某些客观原因导致其暂时无法交租,可适当宽限时间。

2.在收益性物业管理的发展过程中,租金是应收账款的重要来源,应重视应收账款的相关管理工作,明确应收账款风险的危害,明确强化应收账款风险管理的重要意义,制定防范应收账款风险的措施,最终实现发展水平的提高。

3.在物业租赁方案的设计中,应不断收集最新的法律法规及相关政策,用法律维护权益,明确权利与义务,实现物业管理公司、委托方、承租方三方的共赢。

九、附则

1.本方案由市场开发部负责编制、解释与修订。

2.本方案参考《物业租赁管理制度》《物业租赁管理办法》制定。

3.本方案自××××年××月××日起生效。

执行部门		监督部门		编修部门	
执行责任人		监督责任人		编修责任人	

7.2.2 物业招租制度

现代营销的管理理念要求公司在开展物业招租营销的过程中要以为客户创造价值为目的，通过统一物业产品的价值和用户的需求，在租赁工作中达成双方价值交换的效益最大化，以下为物业管理公司的物业招租制度，供参考。

方案名称	物业招租制度	编　　号	
		受控状态	

第1章　总则

第1条　目的。

为了规范、指导和促进物业租赁、营销管理工作，以吸引更多的潜在租户，实现招租业务的顺利经营，特制定本制度。

第2条　适用范围。

本制度适用于指导××物业管理公司旗下或代管已建成并投入使用的各类房屋，及其与之配套的设备、设施和场地（以下简称物业）的招租工作。

第3条　岗位职责。

1.市场部经理和销售部经理共同制定物业招租制度。

2.销售部的物业招租主管和下属招租专员负责辅助销售部经理制定物业招租制度，结合实际工作情况，提出合理化建议。

3.总经理负责物业招租制度的审批。

第4条　指导思想。

1.从公司整体战略出发，为客户精准提供物业服务。

2.服务至上，发掘客户需求，稳定客户关系。

3.追求双方利益的最大化。

4.提升品牌价值和承担社会责任。

第2章　招租广告

第5条　目标客户。

1.本制度的目标客户主要是有住宅需求和商业写字楼需求的人群。

2.物业招租专员应根据物业的状况和用途选择招租广告的目标客户，向招租广告设计专员提出建议，设计出适应互联网化的新型广告，便于精准投放。

第6条　新媒体营销。

1.结合新媒体进行全面化营销，利用大数据算法，对住宅和商业物业的潜在客户群体进行精准的差异化营销，具体可入驻各大新媒体平台，上传优质营销短视频，和官方进行合作，并通过大数据算法找出有物业需求的客户，对其进行物业招租营销推送，在这个过程中一定要注意把控短视频的时长和质量。

2.寻找公司有创意想法的人员，通过在网络平台上发布营销推广文案以进行全面化的物业招租营销。

第7条　品牌化营销。

通过提升公司的品牌价值，向客户传递公司经营理念和文化价值，从而增加客户对公司品牌的认可度。具体可参加公司地址所在及服务地的社区的社会公益活动,积极承担社会责任,营造良好的口碑,塑造独特的社会公益形象。

第 8 条　建立新型综合租售中心。

1. 根据物业房地不可分割的特殊性,以及土地固有的固定性、稀缺性和个别性等特征,建立综合性的线下实体租售中心,与传统租售中心相比,新型综合租售中心须具备全业务办理服务和多元化特征。

2. 新型综合租售中心应具备租售代理、物业承租管理、代办银行按揭、代办房产权证、政策法规咨询、物业投资咨询等业务的办理能力,同时和线上营销进行有效衔接,通过购买先进的 VR 设备,为客户提供沉浸式 VR 全景看房服务,以满足客户多元化的需求。

第 3 章　招租谈判

第 9 条　承租人条件调查。

调查承租人应具备的承租条件时,应要求承租人填写信息登记表,以此来调查承租人承租物业是否以自住或自用为主、承租人是否具有民事行为能力、承租人是否具备合理使用房屋和支付租金的能力、承租人的租赁经历等。

第 10 条　介绍物业。

1. 向承租人介绍物业之前应主动向承租人出示公司营业执照、物业代租代售委托书等纸质资料。

2. 按既定程序向承租人介绍物业的基本情况,重点介绍物业的竞争优势、发展前景等。

第 11 条　租金介绍。

1. 依据国家法律法规,以物业公允价值为基础,参考市场供求情况及承租人经济能力等因素,合理向承租人介绍租金。

2. 根据客户的信誉、资金实力、租期要求等情况,合理设置租金。

第 4 章　签订合同

第 12 条　合同解释。

1. 主动向承租人解释合同中疑难条款,严禁欺骗承租人。

2. 合同中应明确承租人和物业管理公司的权利和义务,体现服务至上的理念,便于后期的租户关系管理。

第 13 条　合同审批。

严格按照公司的合同审批流程对租赁合同进行审批,做好不相容职务分离控制的工作。

第 14 条　合同签订。

再次核对合同的条款是否准确,合同所需资料是否完备,承租人的资质是否达标,确认无误后进行合同的签订。

第 5 章　注意事项

第 15 条　招租营销队伍优化。

在招租营销人才队伍的优化管理过程中,尽可能地使队伍年轻化,以适应时代发展下的营销潮流,对年纪较大的营销人员,可与其沟通后调至其他适合的岗位,不仅充分肯定其曾作的贡献,还体现物业管理公司的人性化管理。

第 16 条　提高招租竞争意识。

时刻注意竞争对手的营销动向，并针对竞争对手的营销策略，提前制定反制措施，在高档豪华物业和客制化物业的方向上，提前布局营销策略，培育市场。

第 17 条　创新招租营销手段。

在营销手段的创新中切忌模仿别人的营销手段，而是要根据自身物业的实际，扬长避短，制定有针对性的营销手段，并不断在实践中更新。

第 6 章　附则

第 18 条　本制度由市场部与销售部共同负责编制、解释与修订。

第 19 条　本制度参考《物业租赁管理制度》《物业招租方案》《物业招租管理办法》等文件制定。

第 20 条　本制度自××××年××月××日起生效。

执行部门		监督部门		编修部门	
执行责任人		监督责任人		编修责任人	

7.2.3　租户关系管理办法

明确做好租户关系管理工作的积极意义，有利于制定人性化、精细化、科学化的租户关系管理办法，为维护与租户关系所做的具体工作提供指导。以下是物业管理公司租户关系管理办法，供参考。

办法名称	物业管理公司租户关系管理办法		受控状态	
			编　号	
执行部门		监督部门	编修部门	

第 1 章　总则

第 1 条　目的。

为了与租户建立良好的关系，为租户提供物业租赁后续优质的管理服务，完善租户信息，掌握租户的需求特征与行为偏好，为租户提供个性化特约服务，提升租户对管理服务的满意度，培养租户长期的品牌忠诚度，发展更多的租户，特制定本办法。

第 2 条　适用范围。

本办法适用于××物业管理公司对所拥有或代管的物业租赁后续服务中的租户关系的管理工作。

第 3 条　岗位职责。

1.市场开发部负责物业租赁合同和续租合同的签订等工作。

2.客户服务部负责处理投诉、化解矛盾和意见收集等工作。

3.工程部负责物业配套机械设备的维修、保养等工作。

4.环境管理部负责物业绿化和清洁等工作。

5.安全管理部负责公共秩序维护和安全管理等工作。

第2章　租户关系管理

第4条　租户类型及占比。

1.第一类。租期短(小于2年)且对公司品牌忠诚度低的租户,占比×%。

2.第二类。租期长(大于2年)但对公司品牌忠诚度低的租户,占比×%。

3.第三类。租期短(小于2年)但对公司品牌忠诚度高的租户,占比×%。

4.第四类。租期长(大于2年)且对公司品牌忠诚度高的租户,占比×%。

第5条　管理原则。

1.及时性原则。租户有困难寻求物业管理公司帮助时,要第一时间赶到现场,时限为1小时之内。

2.一对一原则。不允许一个物业管理人员同时解决多个租户的问题,同一类问题除外。

3.针对性原则。处理与租户矛盾之前要查看租户的个人资料,针对租户的特点开展针对性服务。

4.高效率原则。改进和简化服务流程,采取先进的技术或工具,提高为租户解决问题的效率。

5.高质量原则。直面租户的问题或矛盾,对其进行彻底解决,且保证两年内不复发此类问题或矛盾。

第6条　管理服务类型。

1.问题类。对问题进行记录、分析,指派工作人员提出解决措施、领用工具后立即赶赴现场。

2.走访类。以了解租户需求为目标,提前电询租户是否方便,准备好礼品,规范仪容仪表,进行走访。

3.调查类。以完善客户评价体系为目标,设计问卷,对租户开展服务满意度问卷调查,并发放小礼品。

4.情感沟通类。在节日、租户生日、纪念日等重要日期献上祝福,提供福利,赠送礼品。

5.特约服务类。为特约的租户提供收纳整理、卫生清洁、家宴服务、接送小孩、宠物托管等服务。

第7条　管理服务措施。

1.针对第一类租户。通常对价格较敏感、对物业质量要求相对不高的租户,可主要通过走访类的管理服务,了解其租期短的原因和促使其产生续租意愿的因素,围绕促使其延长租期展开服务或有意愿把公司物业推荐给其他寻租的租户,则可在租金和租金的收取上提供适当优惠和宽限。

2.针对第二类租户。通常对管理服务比较敏感、有一定经济实力可重点发展对象的租户,可通过上述五种服务类型,为其提供全方面、多层次、个性化的服务,增加其对公司物业管理服务的满意度和提升其对公司品牌的忠诚度,促使其为公司推荐更多高质量的租户。

3.针对第三类租户。认可公司的物业和物业管理服务,但是对价格较敏感,是物业租赁营销裂变的重点对象,可在维持原有服务水平不变的情况下,在租金上给予适当优惠,促使其为公司推荐更多的租户。

4.针对第四类租户。考虑到占比不高的情况下,可适当增加和提高上述第三、四、五种管理服务类型中的租户关系维护服务和服务水平,力争使其提高对公司品牌的认可度和忠诚度。

第3章 租户关系管理注意事项

第8条 注意事项。

1.在处理错综复杂的租户问题过程中,切忌形式主义,要对问题进行本质分析,联合内部相关部门,群策群力,制定解决问题的方案。

2.在维护与租户的关系中要以明确双方的权利与义务为前提,不能混淆权利和义务。

3.租户关系管理不是独立的工作,而是和招租营销管理工作相辅相成的工作,在租户为公司推荐更多的租户的过程中,要注重对租户的物质奖励,以提高其推荐的积极性。

第4章 附则

第9条 本办法由客户服务部负责编制、解释与修订。

第10条 本办法自××××年××月××日起生效。

编制日期		审核日期		批准日期	
修改标记		修改处数		修改日期	

7.3

资源开发与经营

在进行物业资源开发与经营的相关工作前,首先要先明确物业资源的类型,根据公司的战略目标,扬长避短,选取最合适自己的物业资源进行开发,集中力量对资源进行高效配置,开发出高收益的物业及物业管理项目,吸引大量投资者,朝着收益型物业管理的方向发展。

7.3.1 项目资源开发步骤

随着需求的增加,业主们对物业服务的要求也越来越高,物业做好交付后的项目运维和相应的配套社区服务,只是停留在初级的物业服务阶段。当前优质的物业服务,已经渗透到诸多环节,例如家政服务、广告业务、房屋中介等。积极进行多种项目的资源开发,不断创新、发展收益模式,增加物业管理收入,已经成为物业茁壮成长的重要任务。

物业管理公司项目资源开发的步骤如图7-3所示。

项目资源开发的过程中需注意的问题。

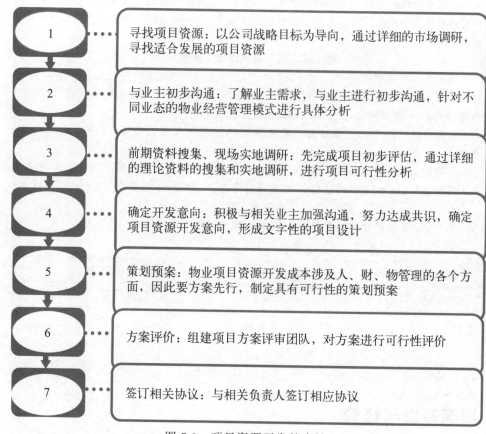

图 7-3　项目资源开发的步骤

（1）以业主需求为导向，在不损害业主利益的前提下，遵循方便业主、业主满意、优质高效的原则。

（2）针对不同业态不同形式的物业管理经营模式，物业项目的开发要具有精准性，需要具体问题具体分析。

（3）物业管理公司要合理利用自身服务资源和优势，达到项目开发、整合经营的目的。

7.3.2　项目策划流程

一个项目在开始之前，首先就要进行项目策划，而一个好的项目策划就是一份具体的行动指南。项目策划关系到业主的自身利益，应该以结果为导向，为物业管理公司带来持续性的经济效益和社会效益。

物业项目策划流程如图 7-4 所示。

物业项目策划流程中的关键节点说明表如表 7-3 所示。

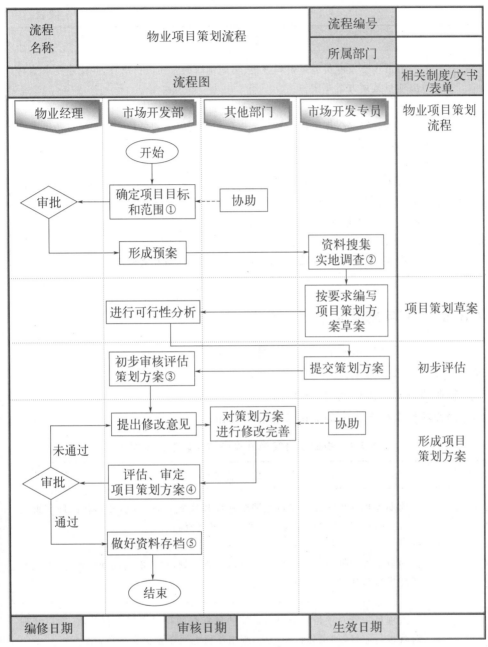

流程 名称	物业项目策划流程	流程编号	
		所属部门	

流程图	相关制度/文书/表单
物业经理　市场开发部　其他部门　市场开发专员	物业项目策划流程

开始

确定项目目标和范围①

审批

协助

形成预案

资料搜集实地调查②

按要求编写项目策划方案草案 —— 项目策划草案

进行可行性分析

初步审核评估策划方案③ ←── 提交策划方案 —— 初步评估

提出修改意见　对策划方案进行修改完善　协助

未通过

审批

通过

评估、审定项目策划方案④ —— 形成项目策划方案

做好资料存档⑤

结束

编修日期		审核日期		生效日期	

图 7-4　物业项目策划流程

表 7-3　物业项目策划流程中的关键节点说明表

关键点	详细描述及说明
①	由市场开发部确定项目目标和范围,其他部门进行协助,再交由物业经理进行审批,审批通过之后形成预案

关键点	详细描述及说明
②	由市场开发专员通过资料搜集、实地调研的方式进行审查,并按照要求编写出项目策划方案草案
③	市场开发部根据市场开发专员提交的策划方案和可行性分析进行初步审核评估,并提出修改意见
④	由市场开发部进行评估、审定项目策划方案,交由物业经理进行审批,审批未通过则由市场开发部重新提出修改意见,由其他部门对项目策划方案进行修改完善,市场开发专员协助其完成
⑤	物业项目策划经审批通过之后由市场开发部做好资料存档

7.3.3 项目实施流程

一个项目策划出来之后下一步就是去落地实施,而项目实施需要让所有相关人员都参与进来,群策群力,从而共同促进目标的完成。

物业项目实施流程如图 7-5 所示。

物业项目实施流程中的关键节点说明表如表 7-4 所示。

表 7-4 物业项目实施流程中的关键节点说明表

关键点	详细描述及说明
①	前期项目立项阶段。项目经理组建项目实施管理小组,经物业经理审批之后,由项目主管收集项目合同和实施标准等资料
②	项目主管根据搜集的资料制订项目实施计划,财务部编制项目预算,由项目经理进行审核,物业经理进行审批
③	由项目主管对项目专员根据实施项目提交的项目资料进行验收,项目经理对其进行监督,如果验收不合格,则由项目专员重新提交项目资料
④	项目主管对项目成果进行验收,如若不合格则由项目专员将项目成果改进并由重新提交
⑤	项目成果验收合格之后由财务部进行项目竣工结算,并将项目资料移交

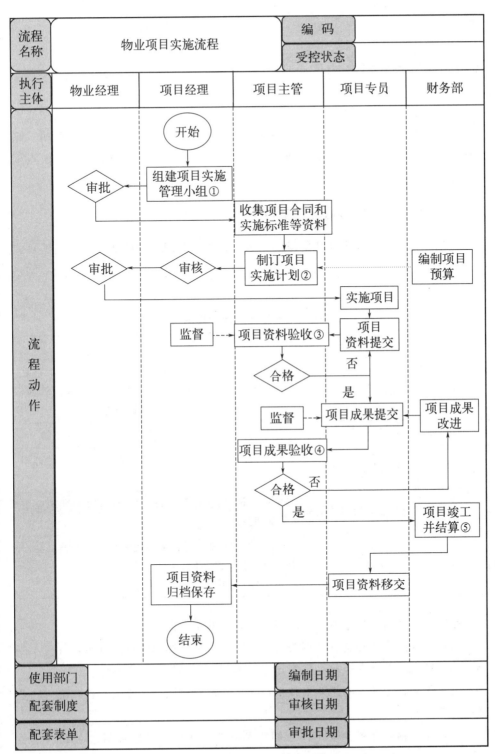

流程名称	物业项目实施流程			编　码	
				受控状态	
执行主体	物业经理	项目经理	项目主管	项目专员	财务部

（流程动作）

开始

组建项目实施管理小组①

审批

收集项目合同和实施标准等资料

制订项目实施计划②

审核

审批

编制项目预算

实施项目

项目资料验收③

监督

项目资料提交

合格　否　是

监督　项目成果提交　项目成果改进

项目成果验收④

合格　否　是

项目竣工并结算⑤

项目资料归档保存　项目资料移交

结束

使用部门			编制日期	
配套制度			审核日期	
配套表单			审批日期	

图 7-5　物业项目实施流程

7.4

不同业态的物业经营管理

总的来说，物业的范围很广，在生活中随处可见，物业公司按照使用功能不同可以分为住宅物业公司、写字楼物业公司、园区物业公司、工业物业公司、综合体物业公司等类型，不同的物业公司由于其物业服务类型不同，其服务重点也各不相同。

7.4.1 住宅物业经营管理主要问题

住宅小区是居民稳定居住的场所，入住的都是相对固定的业主，他们需要的是一个相对舒心、干净、安全的居住环境。住宅物业经营管理的特点如表 7-5 所示。

表 7-5 住宅物业经营管理的特点

序号	特点	具体说明
1	全面性	住宅物业管理公司对于小区内的事项都是事无巨细的，涉及具体生活方方面面的全面管理，比如安保、绿化、清洁、基础设施维护等
2	持续性	提供的物业服务是 24 小时持续不间断的
3	以服务为宗旨	住宅物业管理坚持服务至上的理念，尽力满足业主需求
4	与业主的沟通紧密	需要加强与业主的沟通交流，时刻维护业主利益
5	需要业主委员会的监督	住宅物业中选举业主代表组成业主委员会加强对物业管理公司各个方面的监督，如专项资金的使用等

住宅物业经营管理中所涉及的问题有以下 6 个方面。

（1）小区内物业经营管理相关制度不完善，要具体问题具体分析，针对不同小区的具体实际制定专业化、精细化、具体化、可操作的规章制度。

（2）住宅物业面对的是业主和租户，会存在沟通困难、业主和租户拖欠物业管理费等情况。

（3）住宅物业和各参与主体之间权利和义务不明确，物业管理公司、居委会、行政部门间权责混淆，遇事容易互相推诿，业主的问题得不到解决。

（4）员工老龄化严重，整体文化水平不高，并且员工工资结构设计不合理，工作压力大。

（5）部分业主的主人翁意识淡薄，参与小区治理意识薄弱，法律意识不强，存在乱搭乱建、楼道堆放垃圾、私拉乱接电线等问题。

（6）住宅小区服务需要与时俱进，传统的管理服务方式已经不再适用，根据马斯洛需求层次理论，当前住宅小区的服务不仅要满足业主最基本的层次需求，还要满足业主对住宅的其他层次需求。

7.4.2 写字楼物业经营管理主要问题

写字楼是办公的场所，所以入驻的往往都是各种不同的公司，它们往往要求舒适、整洁、安全的办公环境。写字楼物业经营管理的特点如表 7-6 所示。

表 7-6　写字楼物业经营管理的特点

序号	特点	具体说明
1	人流量和服务量大	写字楼物业不像住宅物业都是特定的、熟悉的人群，其性质是对外开放的，因而进出人员复杂，流动人员较多，流量大
2	车辆管理难度大	人们开车上班，大量的机动车和非机动车给写字楼附近的交通管理和停车场管理增加了压力
3	管理点分散，专业化程度高	因为人流量大，管理难度也相应增加，消防、安全、清洁等基础设施设备的维护需要更加专业的人才
4	清洁难度大	公司众多，需要营造干净的办公氛围，这加大清洁难度；须保持写字楼整体外观上的整洁，使得楼外的清洁难度加剧
5	服务专业化	除常规的物业服务之外，还有会务服务、接待服务、客服服务等

写字楼物业经营管理中所涉及的问题有以下 5 个方面。

（1）面对的公司众多，必须实现科学化、规范化、市场化管理。建立健全相应的规章制度，保证写字楼物业管理有法可依、有章可循、责任到人、责任到岗，确保各种工作正常运行，各种设备、设施得以安全运转，实现统一管理，分散经营。

（2）加强治安防范，严格执行出入制度。写字楼物业对于安保工作的要求更加严格，写字楼的安保工作不仅涉及公司和个人财产的损失，还涉及公司、行业、部门之间的机密，因此必须提高治安防范意识，加强安保和值班管理，建立健全规章制度，确保公司和个人的人身和财产安全。

（3）重视清洁服务。写字楼的清洁程度关系到写字楼的形象，物业管理公司要完善清洁管理细则，并严格执行，保证大堂、电梯、过道、洗手间干净整洁，做到随脏随清，日产日清。

（4）服务项目的多样性和专业性。物业管理公司须针对不同的公司为业主和入住客户提供人性化、日常化、专业化的服务，如协助接待来访客人。建立以客户服务为中心的服务项目，满足业主及入住客户不同层次需求。

（5）打造一支管理经验丰富、知识水平较高、专业技术扎实、作风过硬、充满激情和敬业精神的物业服务队伍，致力于提升员工素质和企业形象整体，打造出高端的物业服务形象。

7.4.3　园区物业经营管理主要问题

园区是指政府集中统一规划指定的区域，区域内专门设置某类特定行业或特定形态的公司等进行统一管理。大致可分为：工业园区、农业园区、科技园区等。与住宅物业不同，园区业主都是公司的相关法人，不是自然人，追求适合生产经营与工作的公共环境。

园区物业属于收益型物业，其物业管理除了常规的物业服务，还要考虑到物业出租经营状况、客户稳定状况等。园区物业的管理内容和方式相比住宅物业要丰富和复杂，因此要重视对园区公司需求的研究，为园区公司提供精细化服务。

园区物业经营管理的特点如表 7-7 所示。

表 7-7　园区物业经营管理的特点

序号	特点	具体说明
1	客户多元	园区物业服务的对象是租赁企业和相关工作人员,各类公司都属于生产运营机构,客户更加多元
2	秩序复杂	园区物业会涉及机器设备、园区食堂、宿舍管理等方面,需要对相应的工作进行协调,相比住宅物业的秩序更加复杂
3	体系严谨	对于园区内门卫、巡逻、安全管理等方面的要求更加严格
4	政府关注	物业管理会受到政府相关部门的监督,需要做好与政府的配合工作
5	工作繁杂	物业管理的对象大部分为房屋和各种配套设施,需要开展的辅助性工作较繁杂。根据服务的种类和目标客户不同,服务的重难点也存在较大差异

园区管理中所涉及的问题有以下 5 个方面。

（1）管理要求高，对物业管理者的综合素质要求也较高。物业服务所涵盖的内容丰富，物业管理者责任重大，园区面对的客户多元、占地面积广阔，给物业管理增加了困难和压力。

（2）所需安全级别高，对物业管理要求严格。需要加大对园区总体环境安全的管理，制定详尽的巡逻路线及频次，加强进出口的值班管理及园区巡查，保证安保工作的质量，规范《园区物业经营管理条例》，实现数字化、规范化、集约化管理。

（3）对日常环境要求高。园区物业管理需要具备一定的审美能力和环境管理能力，实现标准化保洁，使业主处于洁净舒适的园区环境之中。

（4）由于园区业务量大，一般设置地点都远离市中心，在工作日有大量货车、通勤车、私家车进出，外围容易造成交通阻塞。特别是上下班的高峰期，经常造成路口及外围道路拥堵，车辆长时间无法出入，因此相应的基础设施都需要完善跟进。

（5）在园区物业管理中，针对不同的产业园区，对物业管理的服务要求也大不相同，可以通过大数据分析不同园区的特征，针对不同的产业园区制定不同的物业管理方案，加强和完善相关的服务内容，努力为园区引入更多的优质公司。

第 8 章

供应商管理

供应商选择

公司选择供应商，和其建立战略伙伴关系、制定动态的供应商评价体系，是保障公司产品能够正常供给的基础和前提条件。公司在选择供应商时，须将公司需求和供应商所能提供的服务进行匹配，确保所选中的供应商能有效满足公司的采购需求。

8.1.1 制定供应商选择方案

公司对供应商进行选择时，需要根据公司的需求对供应商进行定位，根据供应商的定位制定供应商选择方案。

以下是供应商选择的方案，供参考。

方案名称	供应商选择的方案	编 号	
		受控状态	

一、目的

为寻找能够提供较高清洁力的清洁用品、高质量的办公设备、性能稳定大型机械设备（如电梯、清洁机）等的供应商，更好地匹配公司需求，降低因对供应商的选择与公司需求不匹配而导致的成本增加、产品质量差、售后服务不完善等问题，特制定本方案。

二、适用范围

本方案适用于××物业管理公司购买清洁用品、办公设备、大型机械设备等公司所需办公用品的供应商的选择与确定。

三、岗位职责

公司清洁用品、办公设备、大型机械设备等日常公司所需办公用品供应商的选择主要由采购部负责，行政部调配相关人员对工作进行辅助与支持，质量管理部质检人员辅助进行供应商的筛选。

四、供应商选择程序

（一）根据项目需求，搭建项目团队

（二）项目组成员岗位职责

1.采购部方案统筹主管负责方案的统筹与工作进度的跟进。

2.信息评估员负责对信息进行分析评估，形成文字性方案，上报方案统筹主管进行审批。

3.灵活辅助人员负责协助其他同事促进方案的完成及其他临时事项的处理。

4.行政部数据整理员负责收集整理信息。

5.质量管理部质检人员进行样品抽检。

（三）选择合适的寻找供应商的途径

行政部数据整理员根据所需采购的清洁用品、办公设备、大型机械设备等，选择合适的潜在供应商寻找途径进行信息收集。可以灵活运用各种渠道进行信息收集，同时结合线上线下的方式，寻找到最适合公司的供应商。本公司寻找潜在供应商的途径主要有 10 种，具体如下。

1. 国内外采购指南。

2. 国内外产品发布会及展销会。

3. 国内外新闻传播媒体。

4. 国内外专业刊物或厂家名录。

5. 国内外各类产品订货会。

6. 国内外政府相关统计调查报告。

7. 国内外龙头行业公司报告。

8. 行业内招标。

9. 同行业竞争友商的供应商参考。

10. 媒体广告。

（四）对潜在清洁产品、办公设备、大型机械设备等供应商进行调查

采购部信息评估员根据所收集到的供应商信息，结合本公司的产品需求，选择有意向了解的供应商，编制成意向调查供应商名录。对名录中潜在的供应商进行调查，具体调查内容如下。

1. 潜在供应商的基本资料，包括供应商的名称、资质、地址、法定代表人、联系方式、注册资本、财务状况、信用状况、公司年报披露、是否进行直销等。

2. 潜在供应商的物料供应状况，包括供应商的供货量、供货时效、提供产品的质量、品控等。

3. 潜在供应商的专业技术能力，包括供应商的技术资质，专利拥有数量等。

4. 潜在供应商的生产能力，包括供应商目前的产能、月均产值等。

5. 潜在供应商的管理水平，包括公司当前的组织架构、团队人员数量等。

（五）对潜在清洁产品、办公设备、大型机械设备等供应商进行评价

采购部信息评估员针对潜在清洁产品、办公设备、大型机械设备等供应商进行系统了解后，须确定评价内容的标准，对照标准对其进行综合评价，评价的结果需要进行量化。具体评价内容如下。

1. 能力：包括清洁产品、办公设备、大型机械设备等供应商的生产能力、创新能力、财务能力、配送能力、技术水平等。

2. 质量：包括清洁产品、办公设备、大型机械设备等供应商提供物料质量的控制、产品质量的稳定性、产品的质量认证等。

3. 价格：包括采购价格的稳定性、采购的相对价格、付款条件等。

4. 时间：包括清洁产品、办公设备、大型机械设备等供应商所提交产品的交货周期、交货时间等。

5. 服务：包括清洁产品、办公设备、大型机械设备等供应商所提供的售前、售后服务，订单跟踪服务等。

6. 其他：包括清洁产品、办公设备、大型机械设备等供应商的抗风险能力、人员的稳定性、安全措施等。

（六）供应商的确定

采购部方案统筹主管根据评价内容，参考供应商的确定原则，与项目团队成员进行

会议讨论,综合会议结果,选择出符合所有上述评价条件的供应商,并编制合格办公用品供应商名单,提交采购部经理审核,再交由行政总监审批。

根据所需产品种类不同,评价内容的优先级别也会有所不同,公司需要根据评价内容侧重点的不同,进行供应商的确定。具体参考以下3类原则。

1.价格优先原则。

优先级:价格—时间—质量—能力—服务—其他。适用于低值易耗品。如日常清洁所用洗涤剂、清洁布、扫帚、员工工作服等。该类产品价格低,消耗量大,一般物业管理公司会在满足使用需求的前提下,大量采购价格较为低廉的产品。

2.质量优先原则。

优先级:质量—服务—价格—时间—能力—其他。适用于公司日常高值办公用品。如电脑、办公桌、冰箱、空调、公共健身器材等。该类产品大多为公司的固定资产,消耗率低,因此对质量的要求相对较高。公司一般会优先选择能够提供高质量产品的供应商。

3.服务优先原则。

优先级:服务—质量—价格—时间—能力—其他。适用于公司的大型高值品。如电梯、大型扫地机、清洁机等。该类产品质量较为稳定,一般都以通过国家统一资质标准认定为考核标准。所以,更加注重的是供应商所提供产品的售后服务。

(七)签订供应合同

供应商名单经行政总监审批后,由采购部经理与被选中的供应商进行谈判,谈判成功后签订供应合同。

五、供应商选择中的疑难问题及解决措施

1.问题一:供应商发货地太远,导致发货周期长。如日常清洁用品发货不及时,导致产品供给中断。

解决措施:

(1)采购部要对库存进行实时动态管理和更新,将由天气、路况等不可抗力因素所导致的产品运输耗时考虑在内。合理估计易耗品的可使用时间,预留一定数量的库存。发现库存不足时要进行提前订购。

(2)根据地理位置分布,合理选择供应商,保障产品能够及时供给。

(3)精准判断供应商的供给能力和供货时效,对供应商的供货效率进行动态评估,并督促供应商提高供货效率。

2.问题二:由于公司内部员工在调查、评价、选择供应商时带有主观情绪,导致供应商选择失误。

解决措施:

(1)健全严格的凭证制度。选择程序须透明化,对供应商评分报告要如实记录,评分合格的供应商才可列入选择范围。保证选择程序公平、公正、公开,进行供应商选择时,相关人员须规避,避免裙带关系。

(2)不相容职务权责相分离。供应商的选择过程中,每项工作的开展都要经过两个或两个以上部门的人员进行处理,避免采购部人员接触个人资源拿回扣的现象,同时对各自的行为进行相互监督和制约。

(3)完善监督控制制度,加大违规违纪的处罚力度,避免出现徇私舞弊现象。

3.问题三:没有明确的标准,导致选出的供应商与预估差别较大。

解决措施:

1.制定明确的供应商选择标准,具体可参考公司关于供应商管理制度这一模块的内容。

2.按照标准,对供应商进行客观、全面的打分,根据评分进行供应商选择。

3.需要特别注意的是,供应商选择标准的制定要符合实际,采购部要进行综合评估,结合当下的需求,因时制宜、因地制宜。

六、附则

1.本方案由采购部负责编制、解释与修订。

2.本方案自××××年××月××日起生效。

执行部门		监督部门		编修部门	
执行责任人		监督责任人		编修责任人	

8.1.2 选择供应商的方法

物业管理公司选择供应商时有初审、现场评审、供应商认证等步骤,在这些过程中,会采用到不同的筛选方法及模型。一般可以采用调查法、现场打分评比法、雷达图法、综合评分法、总体成本法等来进行筛选。

供应商评审方法如表 8-1 所示。

表 8-1 供应商评审方法

序号	方法名称	方法详情	方法提示
1	调查法	采购员事先设计并准备一些标准格式的调查表格发给不同的供应商填写,待表格填写完成并收回后,公司根据供应商的填写内容进行比较	需要进行询价及对供应情况进行初步了解等
2	现场打分评比法	采购员预先设计一些问题并将问题格式化,然后由公司相关部门的专业人员对供应商进行现场检查、评分	适用于大型招标会,以分数的高低作为供应商筛选的基本依据
3	雷达图法	在雷达图上绘制出各个供应商的供货质量、服务、价格等指标。对各个供应商的状况进行对比及评价	一般分布越靠近边缘、越均衡的雷达图,供应商的综合水平就越高
4	综合评分法	指依据供应商评价的各种指标,按照供应商的优劣,分别对供应商进行评分,分数最高者为最佳供应商	须将问卷调查和现场审核结合起来进行综合评分
5	总体成本法	采购公司能够组织强有力的综合专家团队对供应商公司的财务及成本进行全面、细致的分析,找出降低成本的方法并要求供应商付诸实施与改进,改进后的收益由采购双方共享	该方法主要通过降低供应商的总体成本来降低公司的采购价格

针对物业管理公司的产品功能需求的不同，选择供应商的评审方法也有所不同。不同产品供应商评审方法的选择如表 8-2 所示。

表 8-2　不同产品供应商评审方法的选择

产品分类	产品举例	目标	评审方法参考
低值易耗品	清洁用品	控制成本、减少支出、供应商供给稳定	总体成本法
日常办公用品	电脑、办公桌等办公设备	高质量低价格、损耗率低、使用寿命长	综合评分法、现场打分评比法
大型高值品	电梯、大型清洁设备	质量稳定、售后服务完善	雷达图法、调查法

8.2

▶▶

供应商管理

在物业管理公司中，供应商管理工作的主体为公司采购部，公司主要通过制定供应商管理制度，规范行政部及采购部的操作要求。供应商管理制度是公司约束相关业务人员行为的规范性文件，对公司相关人员管理供应商时具有一定指导意义。

8.2.1　制定供应商管理制度

为了加强对供应商的管理，保证供应商产品高效、高质的供给，更好地为公司服务，采购部可以结合公司的实际情况，制定相应的供应商管理制度。以下是供应商管理制度，供参考。

制度名称	供应商管理制度		受控状态	
			编　号	
执行部门		监督部门	编修部门	

第 1 章　总则

第 1 条　目的。

为了达到以下目的，特制定本制度。

1. 对供应商进行考核和评价，激励供应商提高供应质量。

2.更清楚地确认供应商是否具备提供符合成本、交期、质量的产品的能力。

3.定期对供应商进行互访,保持良好的供应关系,保证本公司采购工作的顺利进行。

第2条　适用范围。

本制度适用于××物业管理公司有关供应商管理相关工作的处理。凡本公司有关供应商管理的相关事项,除另有规定外,均依照本制度执行。

第3条　岗位职责。

本公司供应商管理工作主要由采购部负责,质量管理部和财务部等相关部门应当予以配合。

第2章　供应商管理原则和相关制度

第4条　供应商选择与确定原则。

1.供应商选择与确定须严格按照下列程序进行,以保证公司寻找到合适的潜在供应商。供应商选择与确认的程序为:供应商资讯收集、提出供应商调查申请、供应商基本信息调查、供应商基本信息评估、供应商接洽、供应商产品鉴定、供应商谈判、供应商确定。

2.供应商确定的基本准则是"QCDS"原则,即质量、成本、交付与服务并重的原则。

第5条　供应商调查原则和管理制度。

1.由公司采购部牵头、质量管理部质检人员协助,组成供应商调查小组,分别对供应商产品的价格、品质、技术、生产管理等做出评估与考核,选出合格供应商。

2.供应商调查必须秉承公平、公正、公开的原则,以免本公司的利益受到侵害。

3.开展调查工作时,根据产品价值及品质要求的不同,选择不同的调查标准。

(1)采购预算总额小于一万元的低值易耗品。可由一人进行考察。考察方式:线上考察或线下实地考察,主要考察产品的实用性、价格、产能供给,须形成图文并茂的调查报告,视频调查报告则不做强制要求。

(2)采购预算总额大于或等于一万元且小于十万元的中值耐用品。可由一人进行考察。考察方式:必须到供应商公司进行实地考察,主要考察产品的功能性和质量的稳定性,须形成图文并茂的调查报告;须有实地考察的视频存档,视频内容包含对产品的功能、品质等性能的介绍。

(3)采购预算总额大于或等于十万元的高值大型设备。考察人员不得少于两人。考察方式:必须到供应商公司进行实地考察,须着重调查公司的资质、专利技术、风险控制等信息,通过同行业去了解供应商的信誉,同时也需要了解供应商的产品质量和售后服务;须形成图文并茂的调查报告;须有实地考察的视频存档,视频内容应包含对产品的功能、品质、产能等的系统性介绍。

4.撰写调查报告时,调查报告要落实到第一责任人,报告需要编写人以及总负责人签字确认。纸质报告存档时间:合同终止日期加12个月(与公司签署合同);调查报告形成日期加12个月(未与公司签署合同)。

第6条　供应商考核与监督原则。

1.与供应商签订合同之后,应当定期或不定期地对供应商进行考核。

2.供应商考核的结果将用于对供应商的评级,根据等级实施不同程度的管理,以帮助落后供应商进行改进,激励供应商提供更好的产品和服务。

3.根据供应商产品类型,定期或不定期地对供应商进行评价,不合格的解除供应合作协议,合格供应商则可以考虑合同续签、增加供应量等,达成二次合作。

第7条　供应商关系管理原则。

采购部必须与供应商保持一定频率的互访,以促进和建立与供应商保持战略合作关系,保证本公司的战略供应。

第3章　供应商考核与监督管理

第8条　考核对象。

凡列入我公司"意向合作供应商名单"的所有供应商均为本公司供应商监督与考核的对象。

第9条　考核项目。

采购部应定期或不定期对合格供应商的产品品质、交货日期、价格、服务等项目作出评价。

第10条　考核频率。

1.采购专员应负责对重要材料的供应商每月考核一次,对普通材料的供应商每季度考核一次。

2.采购专员负责对所有供应商每半年进行一次总评,列出各供应商的评价等级,并依照规定进行奖惩。

3.采购主管负责每年对合格供应商进行一次复查,复查流程和供应商调查流程相同。

4.如果供应商出现重大问题,如产品品质、交货日期、价格、服务等问题时,可以随时对供应商复查。

第11条　考核标准。

采购部在进行供应商考核与评价时,应将以下5方面标准综合考虑,择优选取。

1.供应商是否具有合法的经营许可证,是否具备必要的资金能力。

2.供应商是否按照国家标准建立质量保证体系,且通过质量管理认证。

3.供应商是否具备足够的生产能力,生产管理水平是否先进,能否进行弹性供货,能否满足本公司连续及进一步扩大生产的需要。

4.供应商是否有完善的售后服务措施。

5.供应商之前供应的产品是否符合预期。

第12条　考核方法。

1.主观法。主观法是根据个人印象和经验对供应商进行评价的方法。评价的依据比较笼统,适合于采购人员在对供应商进行初评时使用。如采购人员个人对清洁剂品牌的偏好,物业行业所合作的电梯公司龙头等。

2.客观法。客观法是根据事先制定的标准或者准则对供应商的情况进行量化考核、审定的方法,包括调查法、现场打分评比法、供应商供给实况考评法、供应商资质审核法以及总体成本法等。

第13条　评分内容。

公司对供应商实行评分制,供应商的考核项目包括产品质量、交货期、服务、价格水平等各方面的内容。

第14条　考核结果处理。

考核标准和考核结果应由采购专员以书面形式通知供应商,根据评分级别不同有如下处理方式。

1. A 级(90 分及以上),处理方式:优先采购,可酌情增加采购量,特殊情况下可办理免检,货款优先支付。

2. B 级(80~89 分),处理方式:要求其对不足的部分进行整改,并将结果以书面形式进行提交,对其采购策略维持不变。

3. C 级(70~79 分),处理方式:对其减少采购量,并要求其对不足部分进行整改,将整改结果以书面形式提交,采购部对其纠正措施和结果进行确认后决定是否继续正常采购。

4. D 级(69 分及以下),应将该供应商从"意向合作供应商名单"中删除,终止和该供应商的合作。

值得注意的是,物业管理公司须对评价考核为 B 级和 C 级的供应商进行必要的辅导,若 D 级的供应商想重新向本公司供货,应重新按照新供应商选择的流程来做调查评估与考核或者参加本公司招标。

第 15 条　交货期监督。

采购专员应对合格的供应商进行交货期监督,要求其准时交货,同时记录由供应商原因引起的分批发运造成的超额费用。

第 16 条　质量监督。

1. 采购部应对合格的供应商进行质量监督,由质量管理部和采购部对合格供应商进行供货质量记录,若出现不合格产品应当对供应商提出警告,连续两批产品均不合格则应暂停采购。

2. 责令不合格供应商查明原因并提高产品质量,如果有改进,再决定是否继续采购。如果供应商不能在限期内提高产品质量,则由采购部经理报总经办批准之后,终止与其合作。

第 17 条　终止合作。

1. 对于即将终止合作的供应商,应由采购专员以书面形式通知供应商,并在供应商同意解除供应关系的基础上,和供应商明确公平的解约方案,以便将双方的损失降到最低。

2. 解除合作关系时,应明确双方的责任和合理的时间安排,双方的责任包括对已经发生费用的结算、对合约中的保密条款的遵守等。

第 4 章　供应商互访与维护

第 18 条　互访制度。

采购专员应对其负责的供应商进行维护,经常和供应商进行互访,以便加强交流与合作,掌握最新市场信息和产品发展趋势。

第 19 条　互访频率。

采购专员对销售规模较大的 A 级供应商必须保证每月进行两次互访,对 B 级供应商保证每月进行一次互访,对 C 级供应商保证每两个月进行一次互访,互访中应当对双方合作状况、出现问题的解决方案、各自公司信息的交流及下一步的合作计划进行沟通。

第 20 条　互访形式以及要求。

1. 电话互访,限于日常性事务沟通。

2. 上门拜访,限于专项任务及重点问题。

3. 大型商务会晤,限于整体策略性、方向性、规模性的洽谈。

第21条　互访标准。

采购专员与供应商进行互访时应遵循以下7条标准。

1.采购专员外出拜访供应商必须由采购部经理及以上人员同意。

2.采购部经理、采购主管需要指导采购专员拜访供应商,并定期参加商务会谈。

3.确保与供应商的信息沟通顺畅,包括产品信息、市场信息、销售信息等。

4.遵守公司各项规定,坚持原则,做好保密工作。

5.注意外出拜访时的个人着装。

6.当客人来访时,采购部接待人员应做好接待工作,注意公司形象,如桌牌、资料展示、幻灯片及礼品等是否布置到位。

7.采购人员与供应商进行正式商务谈判必须填写备忘录并建立档案。

第22条　其他形式的供应商维护。

公司对重要的、有发展潜力的、符合公司投资方针的供应商,可以考虑投资入股,建立与供应商的产权关系,增强与供应商合作的稳定性。

第5章　附则

第23条　本制度由采购部负责编制、解释与修订。

第24条　本制度自××××年××月××日起生效。

编制日期		审核日期		批准日期	
修改标记		修改处数		修改日期	

供应商评分项目及内容如表8-3所示。

表8-3　供应商评分项目及内容

供应商名称		评分产品		评分时间		
评分项目	评分内容			分值	得分	备注
资质	合法经营许可证			5		
	财务状况良好,具备充足现金流			5		
	健全的质量管理体系,通过有关部门资格认证			5		
	公司名下有专利技术			10		
生产	生产规模处于行业前十			5		
	具备扩容生产线的能力			5		
产品质量	产品质检符合国家标准			5		
	产品质量优于同类价格产品			5		
供给能力	当前已合作厂商数量大于十家			10		
	供货质量稳定,不同批次产品质量符合要求			5		

评分项目	评分内容	分值	得分	备注
交货期	交货周期容差小于三个工作日	10		
价格	产品价格低于市场价20%及以上	15		
服务	公司配备专业售后服务团队	5		
	定期售后上门服务	5		
	已合作过的公司反馈的消费满意度大于90%	5		
总分		100		
定级		评分人		
结果处理建议		抄送人		

8.2.2 供应商日常管理事项清单

供应商需要长期的维护与跟踪，以保障供应商的供应程序正常以及供应产品正常。因此，需要制定标准的供应商日常管理事项清单，对供应商进行日常监督，全面管理供应商的服务质量、监督供应商的日常工作，从而提高物业综合服务品质。

供应商日常管理事项清单如表8-4所示。

表8-4　供应商日常管理事项清单

序号	协调事项	配合部门	注意问题
1	产品管理	采购部	加强和供应商的交流。向供应商询问产品名录，增加与更多类型产品合作的可能
2	质量管理	质量管理部	在明确供应商所提供商品质量标准的前提下，协调质量监控人员对供应商提供的产品进行日常抽检，督促供应商提高供应产品的质量
3	生产管理	采购部、质量管理部	安排公司内部相关专业技术人员对供应商公司进行驻场巡查，对供应商生产车间进行实地查看，动态评估供应商的生产条件是否满足公司需要
4	价格管理	采购部	采购部风控人员要对供应商提供产品价格进行及时跟踪，及时了解是不是原材料价格上涨等原因导致的价格变化
5	服务管理	客户服务部	产品方面有问题应做到及时和供应商沟通，促进供应商提高服务意识

序号	协调事项	配合部门	注意问题
6	监督管理	采购部	对供应商的监督管理要做到"三及时"原则,即了解及时、反馈及时、解决及时
7	供给管理	采购部	公司采购部工作人员要对供应商的日常供货状况进行动态跟踪,了解供给能力是否正常
8	人员管理	物业管理部、采购部	采购主管要明确员工的工作职责,点对点分配供应商管理任务,知悉团队人员工作动向。采购部经理负责监督采购人员对供应商的日常管理制度的执行,并对采购人员的日常工作进行评价
9	评分管理	采购部	对供应商的产品供应价格、供给能力、资质变化等情况进行实时了解,及时更新评分表。针对评分表对供应商进行动态管理
10	信誉监控	采购部	相关风险管理人员做到对供应商公司文化、财务状况、社会信誉等信息进行日常了解。避免由于供应商公司的社会信誉受损波及本公司利益

第9章

物业质量与风险管理

9.1

物业质量管理

物业管理公司质量管理部须对物业管理部的服务质量管控与服务专业水平进行评估，其目的是发现并解决公司在物业管理过程中存在的物业品质问题，以提高公司的物业服务能力。物业质量管理工作的顺利实施需要物业管理公司拥有良好的物业质量管理体系。

9.1.1　建立物业质量管理体系

物业质量管理体系的构建依赖于物业管理公司中相关部门及人员的有序配合，形成一个以"质量管控"和"相关部门及人员全面覆盖"为基本要求的物业质量管理体系，如图9-1所示。

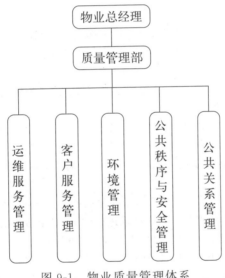

图 9-1　物业质量管理体系

9.1.2　策划物业整体质量提升方案

由于人民生活条件的改善还有生活水平的不断提高，越来越多的人开始重视物业整体质量，因此提升物业整体质量是物业管理公司提高客户满意度与客户留存率的重要手段。以下是物业整体质量提升方案，供参考。

方案名称	物业整体质量提升方案	编　　号	
		受控状态	

一、目的

日常生活中,一些物业管理公司在向业主提供服务时,存在着"服务不全面、态度不诚恳、方法不奏效"的现象,这些现象往往会让物业管理公司遭到业主投诉。因此提高物业整体质量,优化自身服务水平,可以有效增加物业管理公司在行业内的竞争力,特制定本方案。

二、适用范围

本方案适用于解决××物业管理公司在提高物业整体质量过程中遇到的常见疑难问题。

三、常见疑难问题及解决措施

下列问题是物业管理过程中的常见问题,涉及业主日常生活和物业管理部日常工作的方方面面,看似分散杂乱,实则有共性可循,解决这些问题要以"物业工作细致化"和"提高业主幸福感"为中心。

(一)客户服务管理问题

1.问题一:物业工作人员处理业主问题不及时,没有对业主提出的问题进行记录并联系相应部门处理,或因记录不清导致没有正确解决业主的问题,最终致使业主权益受损,从而使业主满意度降低。

解决措施:

(1)采用排班制,使物业客服热线处于随时畅通的状态,及时处理业主来电,对业主的问题和提出的意见进行清晰、准确的记录,方便解决业主的问题或者将业主提出的意见及时向领导部门进行反映。

(2)定期进行业主满意度调查,并统计业主满意度调查情况,了解业主所反映的问题是否已经得到了妥善解决。

2.问题二:物业工作人员没有将宣传工作做到位,小区里的一些重要事项未能准确告知每位业主,没有对业主普及基本的用电用火安全知识和紧急逃生知识,使得当紧急事件发生后,对业主或业主的相关利益产生危害,从而产生对物业工作人员的不满情绪。

解决措施:

(1)采取线上线下相结合的方式。分单元建业主线上群并进行推广,由专人负责,确保每户至少有一人加群,将重要信息在群里进行公示,对于与业主切身利益相关的重要事件,须在小区出入口设立公告栏,提高业主对此类事件的知悉率。

(2)做好安全知识的普及工作,经常在线上群与公告栏进行安全知识的宣传。

3.问题三:对于公共区域的使用事项没有制定明确的规章制度并告知每位业主,导致业主在使用公共区域时不遵循统一标准,使业主间产生不必要的摩擦,降低业主的居住体验感。

解决措施:对公共活动区域进行功能划分,及时制定出相应的公共场所使用规定并告知业主,定期收集并整合业主的反馈与建议,对公共场所的使用规定进行完善。

(二)环境管理问题

1.问题一:小区绿化带设计不合理,整体绿化水平不达标,影响业主居住体验。

解决措施:定期收集业主意见或咨询绿化设计专业人员,对小区绿化带不合理之处进行适当修改,选用适合小区地形特点与栽种条件的植物进行绿化种植。

2.问题二:小区内垃圾倾倒点设计不合理或垃圾未能及时进行统一处理,给业主带来不便,没有为业主提供一个干净、整洁、健康的小区环境。

解决措施:在每个楼层设置公共垃圾桶,降低楼道里的垃圾污染率,根据小区实际情况设立公共垃圾倾倒点,方便业主与清洁人员的使用。

(三)公共秩序与安全管理问题

1.问题一:停车场管理细则不规范、不细致,没有对进出车辆进行严格管控,无法保证业主的人身及财产安全。

解决措施:

(1)外来车辆进入小区停车场必须做好登记,停车场内要设置无死角的监控。

(2)制定停车场的使用规则,及时将停车场的使用规则和规则变更告知业主,以免因信息延误而给业主带来不便。

2.问题二:没有重视小区的消防设施,未规划出紧急消防通道,没有在各楼层安置灭火器,没有定期对各楼层的灭火器进行功能检查。

解决措施:

(1)规划出小区的消防通道,对占用消防通道的车辆进行控制,保证消防通道畅通。

(2)定期检查各处灭火器及消火栓有无损坏,对已损坏的消防设备进行维修、替换。

(四)运维服务管理问题

1.问题一:没有具备完善的基础设施,如基础锻炼设施、座椅等,并且也没有对基础设施进行定期巡查,导致部分设施不能正常工作或老化,为业主带来不便,增加安全隐患。

解决措施:置办齐备的基础设施,丰富业主的日常生活,对基础设施进行定期检修,防止设施由于老化而存在安全隐患。

2.问题二:没有定期检查排水系统,使得当排水系统出现问题时,引起积水或者业主用水未能及时进入下水道,给业主生活造成不便。

解决措施:定期检查小区的排水系统,检查管道是否有破损、堵塞的情况,确保污水可以及时排出。

(五)公共关系管理问题

1.问题一:没有定期与财务人员对各类物品进行盘点,如清洁用品、维修零配件、办公用品、员工服装等,没有检查物品与账目是否相符,也没有及时对所需物品进行采购。

解决措施:

(1)要定期与财务人员对库存物品进行清点统计,确保账、物相符。

(2)对物品的出入库做好严格记录,方便了解物品库存情况,以便进行补充。

2.问题二:没有审核供应商,没有审查和控制所进货物的质量与数量,导致公司蒙受不必要的损失。

解决措施:严格审查供应商,控制好所进货物数量与质量。

四、附则

1.本方案由质量管理部制定,解释权、修改权归质量管理部所有。

2.本方案自××××年××月××日起生效。

执行部门		监督部门		编修部门	
执行责任人		监督责任人		编修责任人	

9.1.3 制定与实施物业管理现场作业规程

物业管理现场作业质量是物业管理公司物业服务质量的重要反映，高质量的物业管理现场不仅可以带给业主更好的生活体验，还可以有效避免一些风险事故的发生。

以下是物业管理现场作业规程，供参考。

规程名称	物业管理现场作业规程	编号	
		版本	

第1章　总则

第1条　目的。

为了提高物业管理现场作业能力，使物业管理现场作业各项操作标准化、规范化，特制定本规程。

第2条　适合范围。

本规程适用于××物业管理公司物业管理现场作业的相关工作。

第3条　岗位职责。

1.质量管理部经理负责制订本部门的物业管理现场作业督导的工作计划。

2.品质主管负责对各部门现场作业进行质量把控与监督。

第2章　物业管理现场作业要求

第4条　客户服务现场作业要求。

1.仪容仪表要整洁，各部门人员按照各部门工作要求统一着装，穿着得体、仪容整洁。

2.服务态度要热情，主动迎接到访业主，及时掌握业主的诉求。

3.工作处理要仔细，详细记录业主问题与投诉，认真管理业主档案。

4.服务流程要完整，及时跟进业主反映的问题，并将处理结果告知业主，收集业主的反馈。

第5条　环境绿化现场作业要求。

1.公共区域。小区各通道、楼道无明显垃圾、异味，室内无蛛网、垃圾、杂物、异味，墙面整洁、无明显污渍。

2.生活垃圾。楼道垃圾和室外垃圾桶垃圾及时清理到小区的垃圾池。

3.基础设施。公共基础设施每日清洁，做好消毒杀菌工作。

4.绿化管理。草坪长度不宜过长，且要修剪整齐，无明显杂草、垃圾、杂物，植物修剪产生的垃圾要及时清理，农药使用要符合安全规范。

第6条　安保现场作业要求。

1.安保设备。在小区的隐蔽处、各出入口、电梯口、天台安装监控摄像头。

2.区域巡逻。每天安排人员在小区内进行巡逻，夜间采用值班加巡逻的方式保障小区内的安全。

3.车辆安全。违停车辆或占用消防通道的车辆及时通知车主移走，避免杂物占用行车道，在小区内设置减速带，转弯处除设置减速带外还要安装凸面镜。

第7条　设施管理现场作业要求。

1.电梯设施。由电梯管理员及维修人员共同保证电梯的日常运行与维护，每日巡查电梯状况,电梯内要张贴警示标识,并设置扶手。

2.消防设施。每两个月对室内外灭火器和消火栓进行检查与维护,同时测试消防系统能否正常工作。

3.排水设施。每年对小区的排污管道进行检查清理,确保管道无破损、堵塞,检查排水设备和污水集水池的状况。定期对雨水口、化粪池、排水检查井等附属构筑物进行检查。

4.房屋设施。检查房屋外立面、天台、围墙是否有开裂及损坏的情况。

5.照明设施。确保小区内的路灯可以正常工作并安装漏电保护设施,确保小区内配电箱正常工作并安排专人进行管理。

6.指示设施。检查小区道路旁的交通指示牌及转弯处的凸面镜是否有脱落、松动的情况。

第3章　车辆管理

第8条　业主车辆管理。

1.对业主的车进行登记,包括型号、颜色、车牌号,建立业主车辆档案。

2.安保部门要组织人员每日对小区停放车辆定时进行巡视。

第9条　外来车辆管理。

1.小区出入口须张贴外来车辆收费标准明细,避免因停车费规定不清产生问题。

2.无临时停车牌的车辆不得进入小区。

第4章　清洁、绿化管理

第10条　清洁现场作业管理。

1.在各楼层、小区道路、广场旁设置垃圾箱,并每日清理。集中将垃圾统一送到小区垃圾池,每日进行清理。

2.小区道路、广场、停车场等每日定时清扫;门厅、电梯每日定时擦洗;小区范围内绿化带每日定时清扫;休闲区亭廊、桌凳、木栏杆每周定时擦洗;路灯每月定时擦洗。

3.小区内公共污水管道每年定时疏通;雨水井、污水井每月定时检查,发现异常及时清掏;化粪池每年定时检查,发现异常及时清掏。

4.二次供水水箱按规定定时清洗,定时巡查,定时化验,水质须符合卫生要求。

第11条　绿化现场作业管理。

1.雇请专业人员实施绿化养护管理。

2.对草坪、花卉、绿篱、树木定期进行修剪、养护。

3.水池定期检查,每周打捞一次漂浮物及沉淀物,每半年清除一次池底污泥。

4.定期清除绿地杂草、杂物。

5.适时组织浇灌、施肥和松土,做好防涝、防冻。

6.适时喷洒药物,预防病虫害。

第5章　安保、设备设施管理

第12条　安保管理。

1.小区出入口24小时值勤,执勤人员要注意力集中,对访客出入情况进行登记管理,阻止小商小贩进入小区。

2.对小区内进行定时巡视,巡视要有计划、巡视路线图、巡视记录。

3.监视控制中心每8小时换一次岗,负责值守小区监控,处理各类报警和异常信息,备份监控录像,并保存一周。

4.突发事件发生时及时报告政府有关部门,并安排专人保护现场,配合公安等部门进行处理。

5.制定火灾、治安、公共卫生等突发事件的应急预案,事发时及时报告业主委员会和有关部门,并协助采取相应措施。

6.对小区内高空抛物、高空坠物、台风、火患等公共安全隐患及时公示,警示注意事项,共同做好安全防范工作。

第13条 设备设施管理。

1.对公共设备设施进行日常管理和维修养护(依法应由专业部门负责的除外),保证公共设备设施能正常运行和使用。

2.制定完善的公共设备设施巡查制度,建立公共设备设施档案,对设备设施的运行、检查、维修、保养做好记录,各类管线有分类标识和流向标识,各类记录本、登记本所记录的如运行、维修、保养、交接班等信息须齐全、完整。

3.每日对园区路面、围墙、护栏、健身设备设施、儿童娱乐设备设施、照明设备设施、门禁、各处监控等进行巡视,保证设备设施能正常使用,无安全隐患。

4.对小区内变压器、高层屋面、有安全隐患的健身设备设施、水系沿岸等危及人身安全的部位设置明显警示标识。

5.设备设施处要张贴操作规程及保养规范,方便物业工作人员按操作规程及保养规范开展工作。

6.小区主要道路及停车场交通标志要齐全。

第6章 现场作业服务品质提升管理

第14条 现场作业检查及评定。

1.各部门要成立由各岗位负责人组成的检查督导小组,每周对本部门的现场作业进行检查。

2.各部门经理要每月组织两次部门会议,针对各岗位的现场作业情况进行评价,发现各岗位在现场作业中存在的问题,收集物业工作人员的意见。

3.各岗位负责人要针对本岗位现场作业中出现的问题制定解决方案,并送交部门经理审批,审批通过后立即执行。

4.各部门经理每月月底组织部门的员工对部门现场作业进行评定,以现场作业检查记录、现场作业中的问题及解决情况为参考,将评定结果纳入各岗位负责人的考核。

第15条 现场作业服务品质提升。

1.定期开展服务意识培训,提高物业工作人员服务意识,将服务礼仪规范化、标准化。

2.完善业主意见反馈渠道,通过设立意见箱、投诉电话、业主群等方式,让业主可以方便、快捷地指出物业现场工作中存在的问题。

3.部门经理要重视物业工作人员的反馈,对物业工作人员提出的意见进行核实,若情况属实,立即通知相应岗位的负责人进行解决。

第7章 附则

第16条 本规程由质量管理部制定,解释权、修改权归质量管理部所有。

第17条 本规程自××××年××月××日起生效。

编制日期		审核日期		批准日期	
修改标记		修改处数		修改日期	

9.1.4 物业客户满意度管理细则

物业客户满意度管理是物业管理公司为了解客户问题与需求，进行客户满意度调查并收集客户满意度信息，进而分析客户期望值与客户体验是否匹配的过程。物业客户满意度管理可以帮助物业管理公司了解业主需求，改进物业服务工作中的不足。

以下是物业客户满意度管理细则，供参考。

细则名称	物业客户满意度管理细则		受控状态	
			编　　号	
执行部门		监督部门	编修部门	

第1章　总则

第1条　目的。

为了解物业管理公司给予客户的服务是否满足客户需求，收集客户对物业管理公司对其提供的服务的满意度信息，掌握客户的期望与要求，有针对性地改善物业管理公司的服务质量，维持与客户的良好关系，特制定本细则。

第2条　适合范围。

本细则适用于××物业管理公司客户满意度管理的相关工作。

第3条　岗位职责。

1. 客户服务部负责制订客户满意度调查计划，收集客户满意度信息，并对客户满意度调查统计结果进行分析与反馈，根据客户不满意原因，制定纠正与预防措施。

2. 质量管理部负责跟踪、纠正和预防措施的实施，监控措施的实施过程及确认纠正效果等。

第2章　客户满意度调查计划管理

第4条　制订客户满意度调查计划。

客户服务部调查人员每半年一次，根据物业管理公司各部门的工作情况，并结合公司经营状况，拟定"客户满意度调查计划"，经总经理审批后执行。

第5条　客户满意度调查计划主要内容。

1. 明确调查对象的特点。

2. 根据调查对象的普遍特点设计相应的调查内容。

3. 根据调查对象的普遍特点选择合适的调查方法（如问卷调查、电话调查、面谈或召开座谈会调查、利用特殊客户调查、请第三方进行调查等方法），确定采用大部分客户可接受的方式进行调查。

4. 设计客户满意度调查问卷。

5. 选择配备客户满意度调查人员，确定调查时间，并分配调查任务。

第3章　收集客户满意度信息

第6条　问卷调查。

问卷调查是客户服务部工作人员在收集客户满意度的相关信息时可采用的一种最

为直观的方式,其操作步骤如下。

1.编制客户满意度调查问卷,问卷内容依据客户群体的情况及公司想要调查的信息进行设计,还可根据客户群体进行设计,如年轻人群体较多可采用线上问卷的形式,中老年人群体较多则采用线下问卷的形式等。

2.发放客户满意度调查问卷,线上问卷可以直接发送到线上客户群,线下问卷由楼层管理员统一发放。

3.回收客户满意度调查问卷,统计有效问卷数量。

4.对客户满意度问卷结果进行分析,统计客户的意见与问题,以便每次问卷调查后进行结果比较。

第7条 客户意见与客户投诉。

1.及时记录客户通过热线电话反映的问题和意见,跟进客户投诉问题的解决进度,将其及时告知客户。

2.对直接来客户服务部进行投诉的客户,做好接待,记录客户的问题和需求,立即通知相应人员进行处理。

3.对客户进行回访,了解客户的满意度情况及客户的其他问题。

第8条 物业服务客户反馈。

1.收集曾经向物业寻求帮助的客户对物业工作人员的服务满意度情况,如提出设备报修、处理邻里关系调节等问题的服务满意度。

2.收集客户对物业活动的满意度情况。

第9条 客户满意度信息分析。

1.综合从各渠道收集到的客户满意度信息,对客户的需求进行统计分析,列出问题清单。

2.针对客户提出的问题进行情况核实,将客户的问题汇报给对应部门进行解决,及时跟进问题解决进度。

3.将每次客户满意度调查结果与之前的调查结果进行比较、分析,看问题是否重复出现,是否产生了新的问题,高度重视重复性问题,对新出现的问题做到早发现、早解决。

第4章 客户满意度调查报告管理

第10条 编写客户满意度调查报告。

客户满意度调查人员根据调查结果编写客户满意度调查报告,调查报告的主要内容包括以下4个方面。

1.客户满意度调查的基本状况,如调查问卷发放与收回的数量、客户意见与投诉信息的完整性等。

2.客户满意度调查结果总述,明确整体客户满意度情况。

3.对客户满意度调查中反映出的客户满意点与不满情况进行总结。

4.提高客户满意度的建议。

第11条 提高公司客户满意度。

公司根据客户满意度调查报告,明确客户问题与需求,发现公司在提供物业服务的过程中存在的问题,并针对各问题制定相应的改善措施。质量管理部要监督对客户服务满意度的改善措施的执行情况,及时收集客户反馈的信息,确保提高客户满意度的目标顺利实现。

第 12 条　根据客户满意度进行调整。

根据客户满意度调查报告,明确客户问题与需求,发现公司在提供物业服务的过程中存在的问题,并针对各问题制定相应的改善措施。

1.根据客户满意度调查得出的总体满意度,调整物业管理公司工作人员的服务水平。

2.根据客户满意度调查得出的分项满意度,对具体问题(如绿化带规划不合理、卫生不达标等问题)制定相应的解决方案。

第 13 条　提升服务质量。

1.降低物业管理公司工作人员的流动性。物业管理公司是一个劳动密集型公司,很多基层的物业工作人员会受到工作环境、薪酬、工作性质的影响而离职,导致物业管理公司整体人员的流动性过大,难以让客户与物业工作人员之间产生亲切感,就会降低客户满意度。

2.提高物业基础服务工作的质量,如绿化、清洁、安保等。给客户打造一个高质量的公共环境,增加客户的舒适感。

3.完善基础设施,适当增加设施。基础设施要齐备,并定期检查,排除安全隐患,还应适当增加一些体育设施、娱乐设施来提高客户生活质量。

4.服务主动化。主动了解客户需求,在工作职责范围内迎合客户需求,不要等到客户有问题找上门才去发现问题和解决问题。

第 6 章　附则

第 14 条　本细则由客户服务部负责编制、解释与修订。

第 15 条　本细则自××××年××月××日起生效。

编制日期		审核日期		批准日期	
修改标记		修改处数		修改日期	

9.2

▶▶

物业风险管理

物业风险管理的主要目的是识别与控制物业风险。物业管理公司通过编制物业风险管理制度来实施风险规避、控制工作,最大限度保障客户及物业管理公司的权益。

9.2.1　编制物业风险管理制度

物业风险是物业管理公司在经营过程中,由自然因素与非自然因素而导致损失的可能性，因此为了加强对物业风险的防控，物业管理公司必须制定风险管理制度。以下是风险管理制度，供参考。

制度名称	风险管理制度		受控状态	
			编　　号	
执行部门		监督部门	编修部门	

第1章　总则

第1条　目的。

为了在公司的经营管理过程中对物业风险进行识别和控制，降低物业风险带来的损失，提高公司的经营管理质量，为客户与公司提供安全保障，切实维护客户与公司的利益，特制定本制度。

第2条　适合范围。

本制度适用于××物业管理公司开展物业风险管理相关工作。

第3条　岗位职责。

1.风险管理部负责开展、监督风险管理各项工作。

2.总经理负责本制度制定、修改、废止的核准。

第4条　物业风险管理制度的作用。

1.分析可能产生的风险，制定相应的应急措施与解决方案，削弱物业风险带来的影响，尽可能保障客户的利益。

2.通过预防和控制物业工作中可能产生的各种风险，降低公司的损失，使公司可以为客户提供更优质的服务。

第2章　物业风险分类及特性

第5条　内部风险与外部风险。

按照风险来源的不同进行分类，可以将物业风险分为内部风险与外部风险。

1.内部风险，指物业管理公司的员工在能力上、态度上和认识上存在难以改变的不足，或者是由于物业管理公司在公司经营和提供服务方面存在严重问题而造成的风险。

2.外部风险，指物业管理公司外部客观存在的自然或者非自然的因素，如自然灾害、战争、政策条件等造成的风险。

第6条　常见物业风险分类。

常见物业风险有治安风险、消防风险、人员操作风险、设施风险、秩序风险、服务风险、自然灾害风险、收缴费用风险等。

第7条　物业风险特性。

1.物业风险的难以防范性，物业风险的发生无法预知时间与地点，物业工作人员可以预见物业风险发生的可能性，但是无法针对物业风险发生的时间、地点作出准确防范。

2.物业风险的复杂性，物业管理公司涉及的业务是多种多样的，涉及多个不同部门的协同合作，而物业风险存在于物业管理公司业务的方方面面，不同部门涉及的物业风险和处理措施都不同。

3.物业风险造成损害的难以估计性，物业风险可能是由自然因素或非自然因素造成，造成损害的程度上下限相差很大，小到水管堵塞、噪声干扰，大到入室盗窃、人身伤亡，物业风险对人员、设备或设施造成损害的程度往往是难以估计的。

第3章 物业风险管理准备

第8条 明确风险管理目标。

1.针对风险进行归类分析,明确风险发生前与风险发生后的风险管理目标,风险发生前以预防为主,风险发生后以降损为主,将风险控制在可承受的范围内。

2.对风险发生前与风险发生后的目标进行投入成本的估算,得出成本估算区间,制订针对重大风险发生后的危机处理计划。

第9条 明确风险管理人员。

1.选择专业的人员来进行风险管理工作,此类人员应当具备基础的风险管理知识以及较强的风险防范意识。

2.定期对风险管理人员进行培训,提高风险管理人员对物业风险的分析能力和献策能力。

第10条 制订风险管理计划。

1.风险管理人员确定风险管理的主体、目标,明确风险管理部人员的职权划分。

2.细化风险管理指标,对风险管理的成本投入进行估算,并实时更新,结合成本估算及公司预算为部门配备所需工具,加强对风险的过程管理。

第4章 物业风险管理实施过程

第11条 风险识别与评估。

1.识别、筛选并汇总物业管理公司可能面临的风险,列出风险清单,并根据风险造成的影响大小加以整理。

2.评估风险发生的可能性与风险发生之后造成的影响大小,形成风险评估结果,并根据实际情况阶段性地更新评估结果。

第12条 风险应对方法。

1.风险预防,明确各种可能引起风险产生的因素,制定预防措施。

2.风险控制,对产生可能性较高且能够人为控制的风险诱因进行监管,当风险产生且预防措施失效时及时制定方案以止损。

3.风险规避,对于识别与评估过后的难以抵消或难以承受的风险,采取回避的方式进行风险规避。

4.风险分散,签订物业服务合同时将部分风险转移给对方,通过保险的方式将部分物业本体或者员工可能产生的风险转移给保险公司。

5.风险承担,无法预防和控制风险,也无法回避和分散风险时,承担风险及风险带来的损失,如果事先有根据风险控制成本预留资金或者办理过保险,则可以将风险造成的影响降至最小,否则只能承担全部风险。

第13条 实施风险管理决策。

在将要承担风险或者已经面临风险时,及时根据公司实际状况与具体风险情况进行决策,力求控制损失,将风险影响降到最低。

第5章 风险管理监督、评价与改进

第14条 风险管理监督。

1.风险管理部要定期对各部门进行风险管理工作监督,主要监督各部门是否按照风险的应对方法与防控措施进行风险管控。

2.风险管理部要对已发生的风险事故项目进行跟进,了解风险事故项目的处理进度,

并将项目的总体情况和解决过程进行记录并存档。

第 15 条　风险管理效果评价。

1.风险管理部要对风险发生前各部门的风险管理工作进行阶段性管控,检查各部门的风险管理准备工作,针对准备工作的不足之处提供完善意见。

2.风险管理部对风险发生后各部门的风险管理工作进行分析,分析风险发生时采取的应急措施是否及时、有效,分析风险发生后采取的补救措施是否可以防止风险的进一步扩大、蔓延。

第 16 条　风险管理改进。

1.风险管理部要对风险事故项目进行梳理、总结,并根据风险防控措施在具体风险事故中的防控效果,对已有的风险防控措施进行完善。

2.风险管理部要对各部门的风险管理工作进行总结,如看各部门采取的应急措施是否有效,通过风险管控工作避免了多少损失等。

第 6 章　附则

第 17 条　本制度由风险管理部负责编制、解释与修订。

第 18 条　本制度自××××年××月××日起生效。

编制日期		审核日期		批准日期	
修改标记		修改处数		修改日期	

9.2.2　实施风险规避、控制工作

物业风险是一个绕不开的问题,有备方能无患,如果不重视防范风险,当风险真的来临时便会给物业管理公司和业主造成巨大的损失。有效的风险规避、控制措施是物业管理公司控制与降低风险损害的直接手段。

常见物业风险及控制措施表如表 9-1 所示。

表 9-1　常见物业风险及控制措施表

序号	主要风险	表现形式	控制措施
1	治安风险	抢劫、斗殴、盗窃等	风险预防,具体措施为加强小区内巡逻,做好社会治安法律法规的普及工作,加强防盗知识宣传,对公共设施做好编号管理
2	消防风险	煤气、电路、明火、用电设备、电线等	(1)风险预防,加强小区用电用火安全知识宣传,定期检查消火栓及灭火器是否完好、可用,保障消防应急通道的畅通,定期进行消防演练 (2)风险控制,发生紧急消防事故时,立即控制现场,做好人员疏散工作并组织扑救,将事故情况上报,出现重大事故时及时拨打"119"联系消防人员进行救援

序号	主要风险	表现形式	控制措施
3	人员操作风险	设备维修及运行、清洁、绿化等	（1）风险预防，对物业工作人员进行操作培训（内容包含工作操作规范及基础的急救措施），在设备运行处张贴设备运行规范，为物业工作人员配置完备的工作装备 （2）风险控制，当物业工作人员在操作中发生意外时，立刻组织人员进行救护，情况严重时立即拨打"120"急救电话或将遇难人员送至最近的医院 （3）风险转移，为物业工作人员购买保险
4	设施风险	护栏、水池、阳台、路灯、施工设施、体育设施等	（1）风险预防，对小区内设施进行定期检查，对存在隐患的设备进行更换，在小区内存在事故隐患处张贴警示标语，将隐患的具体信息及小区内施工情况及时告知业主 （2）风险控制，当小区内有人员因为设施隐患而发生意外时，及时组织人员进行救护，对问题设施进行调整、替换或拆除
5	秩序风险	噪声、装修、公共区域占用、高空抛物等	（1）风险预防，加强宣传，增强业主的公共秩序意识，制定公共秩序管理相关的规章制度并告知业主 （2）风险控制，当接到业主的反映或者投诉时，及时核查情况，与有关业主进行沟通，解决问题，情节严重者根据相关的规定对破坏公共秩序的业主进行处罚，并将结果进行公示
6	服务风险	物业工作人员态度不好，没有礼貌，办事效率低等	（1）风险预防，定期开展风险培训，建立完善的物业工作人员考评制度，将考评结果与物业工作人员职业发展和薪酬评定挂钩 （2）风险控制，当接到对物业工作人员的投诉时，立即核查情况，若情况属实，对物业工作人员进行相应的处罚、教育
7	自然灾害风险	暴雨、凝冻、地震、台风等	风险预防，及时关注天气信息，在雨季和雪季提前做好灾害应急预案，收到自然灾害预报时及时通知业主做好应对措施，平常要注意宣传防灾知识，定期检查楼道内的安全通道和地下停车场的排水设施
8	收缴费用风险	业主不缴纳或拖欠物业管理费，费用问题相关的矛盾、冲突等	风险预防，物业工作人员要提高自身服务水平，加强收费培训工作，建立完善、公开、透明的物业管理费用收缴机制，平时做好物业管理费用收缴的宣传工作，做好业主基础信息的收集管理工作，必要时可以采取法律手段

第10章
物业行政与综合管理

10.1

物业人力资源管理

物业项目组织结构建设是物业管理公司在承接一个项目后，针对该项目进行人员分配，明确管理层次、工作职能、相互关系的过程。良好、完善的组织结构是物业管理公司达成物业项目目标的重要前提。

10.1.1 物业项目组织建设与优化

物业项目组织结构如图 10-1 所示。

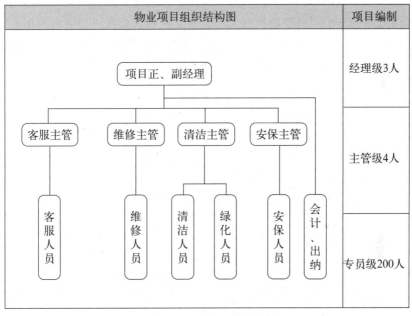

图 10-1　物业项目组织结构图

物业项目组织优化步骤如下。

（1）组织结构诊断。

① 确定问题：通过组织结构调查、组织结构分析、组织决策分析和组织关系分析，提出组织结构存在的问题及组织改革的目标。

② 组织诊断：收集岗位说明书、组织体系图、管理业务流程图等一系列的数据资料，对组织结构进行诊断分析。

（2）实施变革。

① 提出变革方案：通过组织结构诊断，发现组织中存在的问题，并有针对

性地提出若干可行的变革方案，以供选择。

② 确定实施计划：根据变革方案，明确组织变革的方法、步骤、具体措施和变革工作的重点。

（3）组织评价。

① 评价效果：企业组织结构变革委员会应适时检查、分析和评价组织变革的效果和存在的问题。

② 信息反馈：及时掌握与组织变革相关的企业内外部信息，适时修正组织变革方案。

10.1.2　物业项目人员培训管理

物业项目人员是在物业管理公司承接一个新的项目后，为了完成该项目的经营目标而组成的一个团队中的所有人员。物业项目人员在进行项目的相关工作前要接受相应的培训，了解项目具体情况、项目组织架构、岗位职责等内容。表10-1是物业项目人员培训课程设计表，供参考。

表 10-1　物业项目人员培训课程设计表

序号	培训课程	适用对象
1	项目具体情况与目标	项目全体员工
2	项目组织架构与规章制度	
3	岗位职责与职业操守	
4	服务礼仪与工作规范	
5	沟通与团队协同	
6	客户接待与投诉处理	
7	突发事件处理与消防管理知识	
8	客户档案建立与管理	客户服务部全体员工
9	机电设施设备操作规程	维修部全体员工
10	维修服务规范	
11	清洁绿化基本知识	清洁部门全体员工
12	清洁绿化方案	
13	安全保卫基本知识	安保部门全体员工
14	公共秩序维护与治安管理	

10.1.3 物业项目人员绩效考核方案

物业项目人员绩效考核，主要是针对物业管理公司某一物业项目内的人员进行考核，考核结果可以直观反映该项目内的物业工作人员的工作情况，为公司优化项目人员结构提供参考。以下是物业项目工作人员绩效考核方案，供参考。

方案名称	物业项目工作人员绩效考核方案	编　号	
		受控状态	

一、考核目的

为保证×××项目经营目标的实现，提高该项目内物业工作人员的工作绩效，为该项目内物业工作人员的薪酬调整、学习培训、晋升奖励和惩罚等提供准确、客观的依据，特制定本方案。

二、适用范围

本方案适用于指导物业管理公司参与×××项目的全体员工的绩效考核工作。

三、考核原则

1. 坚持科学、系统、客观、公开、公平、公正的原则。

2. 坚持定性与定量相结合的原则。

3. 坚持绩效考核工作与评选先进工作相结合，兼顾项目绩效与员工个人绩效，兼顾业务部门与管理部门绩效的原则。

4. 坚持持续不断的绩效沟通和绩效改进原则。

四、岗位职责

1. 公司人力资源部是项目绩效管理体系的设计和管理部门。

2. 各职能部门负责年度绩效考核的具体实施。

3. 总经理对年度绩效管理的实施办法、相关制度进行审批，对考核工作的重大事项进行协调。

五、考核前准备

1. 成立项目考核领导小组。小组由总经理、副总经理和人力资源部经理组成，并由总经理担任组长。

2. 确定项目考核对象。考核对象为项目内的全体公司员工。

六、考核时间与周期

1. 项目内的物业工作人员的绩效考核主要采取季度绩效考核的方式，具体的绩效考核时间由人力资源部负责安排和通知。

2. 季度绩效考核每年共有4次，时间分别安排在每个季度结束后下一个月的1日—10日。

七、考核人员

为了更好地完成本次项目人员绩效考核工作，由公司总经办人员成立考核评定小组，相关部门配合本次评定工作，具体职责如下。

1. 人力资源部。负责本次考核的组织和管理工作，负责确认考核标准、核实考核结果、监督考核过程。

2. 总经办。负责确认本次考核的最终考核结果及处理员工的申诉等。

3. 各部门经理。负责实施考核与推荐优秀员工。

八、考核内容及指标

季度绩效考核是对物业工作人员每季度的绩效表现进行考核,考核标准是被考核者的岗位描述、工作目标和工作计划等。不同级别员工绩效考核的侧重点和评分标准不同,按照评分标准的不同,项目人员绩效考核分为管理类员工绩效考核和普通员工绩效考核两类。

(一)管理类员工绩效考核,共有 4 个维度,20 个指标

1. 业绩,由目标达成度、工作品质、工作方法、监督检查力度、业主满意度 5 个指标组成,每个指标最高分为 5 分,最低分为 1 分。

2. 能力,由领导统率能力、企划创新能力、判断决策能力、沟通交际能力、洞察应变能力、培训指导能力 6 个指标组成,每个指标最高分为 5 分,最低分为 1 分。

3. 品德,由工作态度、个人修养、人际关系、部门协作 4 个指标组成,每个指标最高分为 5 分,最低分为 1 分。

4. 知识,由管理技能、专业知识、一般知识、行业知识、发展潜力 5 个指标组成,每个指标最高分为 5 分,最低分为 1 分。

(二)普通员工绩效考核,共有 3 个标准,10 个指标

1. 工作能力,由工作质量、工作效率、工作方法、服务精神 4 个指标组成,每个指标最高分为 10 分,最低分为 1 分。

2. 品德,由工作态度、个人修养、人际关系 3 个指标组成,每个指标最高分为 10 分,最低分为 1 分。

3. 知识,由专业知识、一般知识、行业知识 3 个指标组成,每个指标最高分为 10 分,最低分为 1 分。

九、考核方式

1. 季度考核指标以员工每季度具体工作情况作为参考依据。

2. 各项指标的权重。普通员工各项指标权重为 10%,管理类员工各项指标权重为 5%。

3. 考核指标的运用。依据项目内物业工作人员季度绩效考核的总得分,将员工分成A、B、C、D、E5 个等级,具体等级划分标准如下。

(1)A 级,90~100 分,基础工资上浮 15%。

(2)B 级,80~89 分,基础工资上浮 10%。

(3)C 级,70~79 分,基础工资上浮 5%。

(4)D 级,60~69 分,基础工资不变。

(5)E 级,60 分以下,基础工资下浮 5%。

十、考核步骤

1. 下发通知。第四季度的季度考核结束后,人力资源部于下一年的 1 月 6 日下发年度绩效考核通知。

2. 考核评价。员工结合上一年度工作目标、目标达成情况等进行自我评述,同时设定本年度的主要工作目标,并对上一年度的整体绩效进行自我评分,填写年度绩效自评表;员工填写完自评表后,领取"员工互评表",并由上级领导随机发放,统一回收后,提交总经理。

3.上级领导评价。上级领导根据员工的述职评述、工作业绩及以往表现等进行评分，填写年度绩效上级领导评定表。

4.总经理对员工进行评价打分，并填写年度绩效总经理评定表。

5.考核成绩计算。人力资源部统计、计算员工年度考核成绩，确定其考核等级。具体计算公式为：

$$员工年度考核成绩＝员工自评分×20\%＋上级领导评分×45\%＋总经理评分×35\%$$

十一、考核结果应用

1.财务部依据季度绩效考核结果确定员工工资调整的数额，运用年度绩效考核结果确定员工年终奖金数额。

2.部门经理运用季度绩效考核的结果制订员工培训计划，并向公司推荐优秀人才。

3.人力资源部运用绩效考核的结果调整员工结构，优化人员配置。

十二、考核申诉

1.员工可于绩效考核结束后10日内对绩效考核结果提出申诉，以匿名或者署名的方式进行。

2.员工可通过提交申诉书、拨打电话、发送邮件等形式向人力资源部提出申诉。

3.员工提出申诉申请后，人力资源部应在3日内审核申诉原因并请示主管领导确定是否受理。

4.经上级领导确定受理的申诉，由人力资源部进一步组织调查、搜集、分析考核信息、资料。

5.人力资源部将了解到的申诉信息反馈给主管领导以提供决策依据。

6.上级领导作出申诉处理决策，对被考核者绩效考核结果进行调整或给予答复，签字确认后将绩效考核最终结果存档以备查。

十三、附则

1.本方案由人力资源部负责编制、解释与修订。

2.本方案经总经理审批通过后生效。

3.本方案自××××年××月××日起生效。

执行部门		监督部门		编修部门	
执行责任人		监督责任人		编修责任人	

10.2
物业行政管理

　　物业管理公司的基层员工群体往往面临需要倒班、收入不高、住房难等问题，因此须为员工提供良好的住宿条件，帮助员工解决住宿难的问题，以便更好地留住员工。但是在为员工提供宿舍的同时，需要制定相应的宿舍管理制度，将员工的宿舍管理工作标准化、规范化。

10.2.1 物业员工宿舍管理制度

以下是物业员工宿舍管理制度，供参考。

制度名称	物业员工宿舍管理制度		受控状态	
			编　　号	
执行部门		监督部门	编修部门	

第 1 章　总则

第 1 条　目的。

为了让有住宿需求的员工可以拥有更加舒适的居住环境及居住体验，建立良好的宿舍秩序，特制定本制度。

第 2 条　适用范围。

本制度适用于××物业管理公司所有住宿员工的宿舍管理工作。

第 3 条　岗位职责。

1. 人力资源部指定宿舍管理员监督管理一切宿舍事务，包括物品分配、组织清扫、保持整洁以及维持秩序等。

2. 公司所有入住宿舍的员工均应遵守此制度。

第 2 章　宿舍申请及入住办理

第 4 条　在市区内无适当住所或交通不便者可以通过填写"员工住宿申请表"申请住宿。

第 5 条　申请住宿的员工填好"员工住宿申请表"后，须将申请表及相关证明提交部门主管及人力资源部审批，审批通过后方可进行入住准备事项。

第 6 条　员工提交的"员工住宿申请表"中的内容必须真实、全面、具体，如发现弄虚作假的情况，则取消本年度申请入住的资格。

第 7 条　员工入住宿舍前，须签订住宿协议并领取相关物品。

第 8 条　员工入住宿舍时，宿舍管理员及员工要清点宿舍内的物品，确认无误后签字。

第 3 章　宿舍出入管理

第 9 条　员工出入管理。

1. 员工进入宿舍须出示有效证件。

2. 外出员工必须在 23:00 之前返回宿舍。

第 10 条　人员来访管理。

1. 外来人员进入宿舍须出示有效证件，登记基本信息及具体事由。

2. 外卖派送人员一律不允许进入宿舍，可将外卖放在宿舍管理员处，由员工自行领取。

3. 来访人员接待时间：7:00～22:00。

4. 外来人员需要服从宿舍管理人员安排及宿舍管理制度。

第4章　宿舍员工管理

第 11 条　住宿员工职责。

1. 服从宿舍管理员的管理及监督。

2. 遵守宿舍各项管理制度。

第 12 条　严格控制住宿员工的居住密度,人均宿舍面积不少于 $5m^2$,每个宿舍居住不超过 4 人,住宿人员不得私自调换房间及床位。

第 13 条　住宿员工要保管好宿舍钥匙,不得私自转借他人,如有遗失,须及时向宿舍管理员备案,严禁私自配制宿舍钥匙。

第 14 条　住宿员工有责任和义务维护宿舍内的各种器具和设备(如桌椅、床铺、门窗、饮水机、淋浴设备等)。如有损坏,须及时联系宿舍管理员进行检查、报修,酌情由现住员工承担维修或更换产生的费用,若有隐瞒不报者,除承担相应费用外,视情节轻重给予相应处分。

第 15 条　住宿员工要自觉保持寝室安静,不得大声喧哗,23:00 之后要停止一切娱乐活动。

第 16 条　住宿员工要自觉节约水电,爱护公共设施,不得随意更换宿舍内的公共设施,不得私自将宿舍内公用设施搬离宿舍楼。

第 17 条　住宿员工不得在宿舍走廊、通道及其他公共区域堆放杂物、垃圾,也不得饲养宠物。

第5章　宿舍卫生管理

第 18 条　宿舍采用轮流值日制度,由宿舍管理员统一排班,住宿员工轮流对宿舍及所住房间的公共区域进行打扫,个人物品和区域由员工自己打扫。

第 19 条　住宿员工要自觉爱护公共卫生,不得随地吐痰、乱丢垃圾,宿舍内的垃圾、废弃物品要统一倾倒在指定场所,不得在墙上乱涂乱画、张贴字画,不得私自钉钉子、悬挂物品。

第6章　宿舍安全管理

第 20 条　定期对宿舍管理员和住宿员工开展安全教育培训,每层楼都要配备灭火器。

第 21 条　宿舍内严禁私自牵拉电线、安装电器,严禁使用大功率电器(如电炉、电磁炉、微波炉等),最后一人离开房间时要注意断水、断电。

第 22 条　宿舍内严禁使用或存放易燃、易爆物品或违禁物品。

第 23 条　宿舍内不得在床上抽烟,烟灰、烟蒂不得丢弃在地上,严禁酗酒、打架、赌博等不良行为。

第7章　宿舍设施管理

第 24 条　宿舍管理员要安排专人对宿舍的设施进行日常检查和维护,保障员工的正常休息与住宿安全。

第 25 条　宿舍管理员定时安排专人对水电设备进行检查维护。

第 26 条　宿舍管理员每月要对宿舍总水表进行抄录、核查,同时检查宿舍楼的供水是否正常,管道有无破损,若发现问题及时处理。

第 27 条　宿舍管理员每月要对各宿舍电表进行抄录、核查,同时检查员工宿舍的电器使用情况,有无乱拉乱接电线现象,灯具、开关、插头和接线盒是否完好,若发现问题及时处理。

第 28 条　宿舍管理员每月要对宿舍楼的楼道、走廊的灯具和开关进行检查,检查各房间限电器是否完好,若发现问题及时处理。

第 8 章　取消住宿及退宿管理

第 29 条　若公司发现住宿员工有下列行为之一的,立即取消住宿资格,两年内不允许再次申请,并上报其所在部门及人力资源部。

1. 在宿舍酗酒、斗殴、赌博。
2. 私自携带外来人员进入宿舍,私自将宿舍转租给他人。
3. 多次不服从宿舍管理员管理,扰乱宿舍治安,影响他人休息。
4. 不爱护宿舍公共环境,多次卫生检查不合格。
5. 多次夜不归宿且未向宿舍管理员说明情况。
6. 严重违反宿舍安全规定,使他人或公司蒙受重大损失的。
7. 有偷窃、骚扰他人等违法行为。
8. 蓄意破坏公共设施。

第 30 条　住宿员工离职(包括自动辞职、被免职、解职、退休等),应于离职日起 3 日内搬离宿舍,不得借故拖延或要求任何补偿。

第 31 条　住宿员工要退宿时,必须到人力资源部办理相关手续。

第 32 条　住宿员工搬离宿舍前应将床位、物品、抽屉等清理干净,交还所需归还的钥匙和物品。

第 9 章　附则

第 33 条　本制度由人力资源部负责编制、解释与修订。

第 34 条　本制度自××××年××月××日起生效。

编制日期		审核日期		批准日期	
修改标记		修改处数		修改日期	

10.2.2　物业员工食堂管理制度

物业管理公司在为员工提供食堂的同时,要加强对食堂的管理,保证员工拥有一个干净、有序、安全的用餐环境。以下是物业员工食堂管理制度,供参考。

制度名称	物业员工食堂管理制度		受控状态	
			编　　号	
执行部门		监督部门	编修部门	

第 1 章　总则

第 1 条　目的。

为提高食堂的整体服务水平,保证食堂卫生干净、员工用餐有序,确保员工用餐的质量和身体健康,特制定本制度。

第 2 条　适用范围。

本制度适用于指导××物业管理公司食堂员工和在食堂用餐的全体员工的管理工作。

第 3 条　岗位职责。

1.人力资源部负责食堂运行综合管理,每月对食堂员工进行考核和评定。

2.食堂管理员监督、管理食堂的日常运作,包括员工监督、原材料采购储存、卫生管理以及安全管理等。

3.食堂员工和在食堂用餐的全体员工均应遵守此制度。

第 2 章　食堂员工管理

第 4 条　食堂员工必须取得健康证方可上岗,每半年做一次健康检查。

第 5 条　食堂员工个人卫生管理。

1.注意个人卫生,勤洗手、勤剪指甲、勤理发、勤洗澡、勤换洗工作服。

2.穿着要整洁,工作期间统一穿工作服、戴工作帽,严禁用工作服或围裙擦手、擦脸。

3.不得染指甲、留长指甲,工作期间不得佩戴任何首饰。

第 6 条　食堂员工要服从食堂管理员管理,有事须提前请假,由食堂管理员上报人力资源部同意后方可准假,未经同意不得擅离工作岗位。

第 7 条　食堂员工服务要求。

1.食堂员工要礼貌待人,提供文明服务、优质服务。

2.食堂窗口服务人员要穿工作服、戴工作帽及手套,售卖饭菜时态度和蔼、服务热情。

3.在工作期间严禁与其他员工争执、斗殴,一经发现,严肃处理,情节严重者立即辞退。

4.饭菜价格设置合理,对待员工一视同仁。

第 3 章　员工就餐管理

第 8 条　员工取餐时不得插队,要按量取食,不得浪费粮食。

第 9 条　员工在就餐后须将餐具放到食堂指定地点,不得将任何餐具带出食堂。

第 10 条　食堂内不得吸烟、随地吐痰、大声喧哗。

第 11 条　员工在食堂用餐时要服从食堂管理员安排,爱护公物、器具。

第 12 条　员工在用餐后必须立刻离开食堂,严禁在食堂逗留。

第 4 章　采购与存储管理

第 13 条　采购管理。

1.严格按照采购计划进行采购,做好账目管控。做到当天采购、当天验收、账物相符,每月末对当月账目进行核算并公示。

2.严格控制采购质量,不得采购霉变、腐败、虫蛀、有毒、超过保质期或卫生法禁止供应的食品。

3.严格控制验收环节,严格检查采购食品,严禁劣质食品入库。

4.采购大批主食或副食时,要求供货单位提供卫生许可证,以便查验,不得采购三"无"产品。

第 14 条　储存管理。

1.食堂的所有设备、餐具、食品均须登记在册,食堂管理员每周要对所有设备、餐具进行核查。

2.严格执行食品卫生制度,对存放的各类食品实行"隔离",以免串味、走味或变质。

3.食堂库房应整齐清洁,物品分类存放,防鼠防潮。

4.食品存放在冰箱里最多不能超过 3 天,严禁售卖隔夜饭菜。

第 5 章　卫生管理

第 15 条　食堂环境卫生管理。

1.经常打扫食堂、厨房,早、中、晚用餐前与用餐后都要打扫,安排专人在员工用餐完毕后及时清理桌面,保持食堂环境干净、卫生。

2.餐具、厨具、其他厨房用具消毒要由专人负责,并严格执行"一洗二刮、三冲四消毒、五保洁"的规定。

3.食堂在检查、清洗食品时所产生的废弃物要按规定存放,用餐后的剩菜剩饭要设专用污物桶存放,做到垃圾日产日清,防止再次污染。

4.严禁非工作人员进入操作间。

第 16 条　食堂食品卫生管理。

1.生、熟食及用具应严格分开使用,做到"双刀""双墩""双碗",不可随意混用,餐具、用具用完要随时清洗,每天消毒一次。

2.每天将食堂当日食材的采购记录及使用的调味品样品在食堂公共区域进行公示,接受员工监督。

第 6 章　安全管理

第 17 条　每月对食堂员工进行安全教育培训,食堂管理员每月要对食堂各处设施、设备进行安全检查,若发现问题要及时处理。

第 18 条　厨房安全管理。

1.厨房必须保持清洁,物品要分区域摆放整齐,严禁乱摆、乱放,及时清理厨房油污。

2.使用各种设施、设备和用具时要严格遵守操作规程,防止事故发生。

3.严禁将易燃、易爆物品,如酒精、煤气罐钢瓶、火柴等靠近火源或放置在电源插座附近,与厨房无关的易燃、易爆物品严禁带入厨房。

4.每日工作结束后必须清理厨房,检查电源、煤气等开关是否关闭。

5.定期对厨房下水道进行疏通。

6.厨房必须配备灭火器材并定期检查,确保灭火器材可以正常使用。

7.因操作不当造成安全事故者,责任由操作者本人承担。

第 19 条　防盗安全管理。

1.严禁食堂员工带无关人员进入厨房和仓库。

2.食堂员工下班前要关好门窗,检查各类电源开关、设备等。

3.食堂管理员负责对食堂的防盗工作进行督促、检查。

第 7 章　食品供应管理

第 20 条　工作餐供应管理。

1.食堂为公司所有员工提供早、中、晚三顿工作餐,在规定的开餐时间内保证供应,并保热、保鲜,以使员工有良好的工作情绪。

2.食堂拟定每周菜谱,并做好营养搭配,按菜谱做好充分的准备,尽量使一周内每日饭菜不重样。饭菜要讲究色、香、味俱全。

3.食堂负责为每位员工提供餐具,用餐完毕后由本人将餐具送到指定地点,食堂员工进行刷洗、消毒。

4.食堂员工要早、中、晚三次在所有员工用餐结束后,对食堂公共区域进行清洁,使桌、椅清洁有序,并对桌、椅、地面进行消毒。

第 8 章　附则

第 21 条　本制度由人力资源部负责编制、解释与修订。

第 22 条　本制度自××××年××月××日起生效。

编制日期		审核日期		批准日期	
修改标记		修改处数		修改日期	

10.3

物业财务管理

　　财务管理是公司组织财务活动、处理财务关系的一项经济管理工作。物业管理公司进行财务及税务筹划、成本管理等一系列管理工作时,需要有相应的制度指导,从而实现财务管理工作的规范化、标准化、精细化。

10.3.1　物业财务及税务筹划制度

　　近年来,税务机关税收制度改革,使得我国税收收入增长加快,公司纳税负担也长期处于高位运行状态。为了尽可能地获得"节税"的税收利益,须对公司财务及税务进行详细筹划。以下是物业管理公司财务及税务筹划制度,供参考。

制度名称	物业管理公司财务及税务筹划制度		受控状态	
			编　　号	
执行部门		监督部门	编修部门	

第 1 章　总则

第 1 条　目的。

为加强财务及税务筹划管理工作,使成本最优化的同时,实现合理避税,减少公司财务及税务支出,根据公司的具体情况,结合国家财务及税收相关法律法规,特制定本制度。

第 2 条　适用范围。

本制度适用于指导××物业管理公司各项财务及税务筹划工作。

第 3 条　财务及税务筹划的主要特性。

财务及税务筹划需要在法律规定的范围内,通过对公司的经营、投资、理财活动的筹划与安排,尽可能减少支出,取得"节税"的税收利益,基本特点为合法性、筹划性、目的性。

第4条　岗位职责

1.财务部总经理:负责公司的各项财务及税务筹划的决策与审核。

2.财务部财务及税务会计:负责组建财务及税务筹划小组,对公司的各项经济活动进行财务及税务分析、评估和筹划。

3.财务部总账会计:执行各项财务及税务筹划并进行符合财务及税务筹划的账务处理。

第2章　财务及税务筹划的特点

第5条　财务及税务筹划的特点。

1.合法性。税法是处理征纳关系的共同准绳,作为纳税义务人的公司要依法缴税,财务及税务筹划是在完全符合税法、不违反税法的前提下进行的,违反法律规定逃避税负是逃税行为,必须加以反对和制止。

2.筹划性。财务及税务筹划必须是在"纳税方案"实施前的规划和设计安排,在经济活动中,纳税义务通常滞后于应税行为,如交易行为发生之后才缴纳增值税,收益实现或分配后才缴纳所得税等。

3.目的性。财务及税务筹划有明确的目的,即减少支出,取得"节税"的税收利益,"节税"就是要节约税收的支付,以实现业务收入最大,而支付的税收最小的目的。

第3章　财务及税务筹划方法选择

第6条　财务及税务筹划方法。

1.税收优惠筹划法。凭借国家税法规定的优惠政策进行筹划的方法。具体可利用减税、免税、退税等优惠方法进行财务及税务筹划。

2.税率筹划法。利用不同情况下适用的税率差异,创造条件尽可能去适用较低的税率的方法。在税基不变的情况下,税率越小应纳税额就越小。

3.纳税期递延法。指在合法、合理的情况下,考虑资金的时间价值,延期缴纳税金而节约税款的方法。公司可根据国家税法的规定,在递延项目和递延期两个方面设计财务及税务筹划方案。

4.转让定价筹划法。根据其共同利益进行的产品或非产品转让。为了保证转让定价财务及税务筹划的有效性,筹划时应注意进行成本效益分析和考虑价格的波动范围。

5.会计处理方法筹划法。利用会计处理方法的可选择性进行筹划的方法。在日常经济活动中,同一经济事项有时存在不同的会计处理方法,而不同的会计处理方法又对公司的财务状况有着不同的影响。公司具体可在固定资产折旧、存货计价方法等方面应用该方法。

第4章　财务及税务筹划程序

第7条　掌握财务及税务相关法规。

1.财务及税务筹划小组人员应熟练掌握财务及税务相关的法律法规,弘扬法律精神。

2.财务及税务筹划小组人员应了解税务机关对"合法和合理"纳税的法律解释和执法实践。

第8条　明确公司要求。

财务及税务筹划工作开始前,财务及税务筹划小组应收集公司资料,具体应收集的资料主要包括公司组织形式、公司财务情况、公司投资意向、公司对风险的态度、公司的纳税历史及公司的财务及税务目标等。

第9条　制定财务及税务筹划方案。

财务及税务筹划小组应根据公司财务及税务目标及要求,选择财务及税务筹划方法,制定财务及税务筹划方案。

1.财务及税务筹划方案应尽可能详细,应至少包括以下内容。

(1)公司业务类型及相关税种分析。

(2)公司所得税节税空间分析。

(3)投资的财务策略。

(4)营业收入的节税筹划。

(5)成本费用确认的纳税筹划。

(6)相关会计处理。

2.财务及税务筹划方案的制定步骤如下。

(1)分析公司业务背景,选择节税方法。

(2)进行法律可行性分析。

(3)应纳税额的计算。

(4)各因素变动分析。

(5)形成财务及税务筹划草案。

3.财务及税务筹划小组应将财务及税务筹划草案报总经理审批,根据总经理的审批意见修改财务及税务筹划草案并形成正式的财务及税务筹划方案。

第10条　实施财务及税务筹划方案。

1.财务及税务筹划小组应将财务及税务筹划方案在财务部内部公布,并组织实施财务及税务筹划方案。

2.在财务及税务筹划方案实施过程中,财务及税务筹划小组需要经常、定期地通过一定的信息反馈渠道来了解财务及税务筹划方案的执行情况,对偏离计划的情况予以纠正,并根据新的情况修改财务及税务筹划方案,以最大限度地实现预期筹划收益。

第11条　针对可能出现的情况调整财务及税务筹划方案。

财务部财务及税务会计须针对可能出现的情况调整财务及税务筹划方案,以实现预期的财务及税务筹划目的,控制筹划风险。

第12条　编制财务及税务筹划工作实施结果报告。

第5章　财务及税务筹划的时间性相关补充说明

第13条　事前的财务及税务筹划。

事前筹划是财务及税务筹划最重要的阶段,也是公司最重视的阶段,因为公司在资金投入时必须要考虑财务及税务成本和可能对公司资金周转带来的影响。

1.考虑新设服务项目所带来的收益与财务及税务成本大小,是否值得新开服务项目。

2.考虑开发新的产品供应商所产生的收益与财务及税务成本大小,是否值得新开发供应商。

3.考虑引进新的清洁设备所产生的财务及税务成本及服务提升效果大小,是否值得引进新的清洁设备。

第14条　事中的财务及税务筹划。

事中财务及税务筹划主要是对于公司事前财务及税务筹划没有想到的财务及税

事宜,或没有进行事前筹划的财务及税务事宜采取补救性措施以降低税负。如根据国家财务及税务政策变化享受相关优惠,对交税金额、项目进行调整。

第 15 条　事后的财务及税务筹划。

事后的财务及税务筹划主要是总结一年来的纳税得失,根据已变化的公司情况,调整下一年的财务及税务战略,重新筹划新的一年的公司财务及税务方案。

1.检查过去一年中,公司应享受的税收优惠政策是否充分享受。

2.检查过去一年中,应在税前扣除的项目是否足额扣除。

3.检查过去一年中,是否因违规而受到财务及税务机关的处罚,检讨违规行为产生的原因。

4.明确公司下一年在经营项目上是否有新的变化,预判新的项目对财务及税务的影响。

第 6 章　附则

第 16 条　本制度由财务部负责编制、解释与修订。

第 17 条　本制度自××××年××月××日起生效。

编制日期		审核日期		批准日期	
修改标记		修改处数		修改日期	

10.3.2　物业成本管理制度

成本是公司进行经营活动或达到一定目的时必须耗费的一定资源(人力、物力、财力)。物业管理公司在进行经营活动时产生的各种生产费用的总和就构成了物业管理的成本。公司在进行预算的基础上,根据经营目标进行物业成本管理,有效地控制成本,实现公司利润最大化。以下是物业成本管理制度,供参考。

制度名称	物业成本管理制度		受控状态	
			编　　号	
执行部门		监督部门	编修部门	

第 1 章　总则

第 1 条　目的。

为了加强公司的成本管理,实现利润最大化,根据国家和公司的相关规定,特制定本制度。

第 2 条　适用范围。

本制度适用于××物业管理公司的成本管理工作。

第 2 章　成本管理的具体职责及分工

第 3 条　岗位职责。

1.公司财务部:制定相应的成本管理规定,组织成本核算,编制并落实成本计划和预算,监督考核成本计划的执行情况,并对公司的成本进行预测控制和分析,从而达到降低成本的目的。

2.财务部经理:全面负责组织、领导成本管理工作。

3.财务部相关工作人员:负责做好成本计划、控制、核算、分析及考核等相关工作。

4.其他各部门的成本管理人员:根据财务部要求,按期计算业务运营成本,及时向财务部报送成本报表,随时提供财务部所要求的核算资料,并定期进行成本分析,向所属部门领导及财务部提出降低成本的措施和建议。

第4条 工作要求。各部门要按规定对未来一定期间的成本费用水平和变动趋势进行预测,为经营决策和编制成本费用计划提供数据和信息。

第3章 成本计划管理

第5条 运行成本预计方法。业务运行成本预计常用的方法主要有标准成本推算法、历史成本法等。

第6条 成本预算。成本预算的内容包括各部门经营费用预算、物业管理成本预算、设施设备更新成本预算等。

第7条 成本计划。成本计划应反映计划期内各项业务的成本水平和为完成预定成本目标的费用预算,并拟定计划期内节约费用支出的措施,并确定各部门在成本管理工作中的责任。所制定的成本计划应包括以下内容。

1.主要经营业务单位成本计划。

2.物业管理费用计划。

3.全部经营业务项目成本计划。

4.经营管理费用预算。

第8条 编制物业成本管理项目预算。进行物业成本管理项目预算的编制时,具体内容如下。

1.人工成本:员工基本工资、社会基本保险、公司补充保险、其他福利、培训发展支出。

2.直接材料费:办公设备采购费、清洁设备采购费、其他日常消耗品采购费。

3.管理费:物业公共部位与公用设施设备的日常运行费和维护费、公共区域秩序维护费、设施设备更新成本预算。

4.服务费用:公共区域清洁费、绿化养护费、其他超值项目服务费。

5.财务费用:产品折旧费、利息支出、税金、公司固定资产折旧。

第4章 成本核算

第9条 各部门要对一定时期的费用进行审核、分配和归集,并计算总成本和单位成本。

第10条 各部门要对照成本预算表进行核算,重点关注成本超支项目,并对其进行标记。

第5章 成本报表及分析

第11条 各部门要定期按照财务部规定的统一格式和要求编制成本报表。

第12条 成本报表包括物业管理成本计算表、经营费用表、成本费用分配表等。

第13条 各部门成本报表的编制要做到数字真实、内容完整、说明清晰。

第14条 成本分析由财务部负责,按季度组织分析,可以采取综合分析或专题分析多种形式,由财务部经理牵头组织进行。

<h2 style="text-align:center">第6章 成本控制</h2>

第15条 成本控制的基本内容主要有制定控制标准、监督成本的形成、制定实施优化成本的措施。

第16条 成本控制需要遵循全面控制原则、经济效益原则与权、责、利、效相统一原则相结合,以及特殊情况遵循例外管理原则。

第17条 财务部应根据成本分析结果,做好日常经营过程的成本控制。成本控制具体内容如下:

1.物业管理费用控制,包括管理区域的公共水电费、维修费、绿化养护费、清洁费、排污费等。

2.直接人工成本控制,从控制工资性报酬总额和提高工作效率两方面进行。

3.日常经营费用的控制,重点控制公司各部门水电费和低值易耗品的消耗。

4.物流成本控制,结合就近原则,合理选择供应商,减少不必要的物流费用支出。

5.采购成本控制,根据供应商选择的原则,合理选择供应商,控制采购成本。

<h2 style="text-align:center">第7章 成本考核与监督</h2>

第18条 成本指标完成情况每季度考核一次,各部门按上级下达的各项指标进行考核。

第19条 考核的主要指标有:标准成本与实际成本差异额、差异率,当期成本与上期成本相比较的降低额、降低率,经营管理费用实际发生额不突破公司下达的指标。

第20条 成本的主要考核指标纳入业务考核,与相关人员的收入挂钩。

第21条 在实施成本控制过程中,应划清本期成本与以后各期成本的界限,划清公司内部各部门成本费用支出的界限。

<h2 style="text-align:center">第8章 附则</h2>

第22条 本制度由财务部负责编制、解释与修订。

第23条 本制度自××××年××月××日起生效。

编制日期		审核日期		批准日期	
修改标记		修改处数		修改日期	

参考文献

[1] 李亚慧.综合部管理关键点精细化设计 [M].北京：人民邮电出版社，2017.

[2] 丰佳栋.物业管理职位工作手册 [M].3 版.北京：人民邮电出版社，2012.

[3] 袁艳烈.物业企业 9 大部门精细化管理与考核大全 [M].北京：人民邮电出版社，2014.

[4] 刘瑞江.房地产企业 14 大部门精细化管理与考核大全 [M].北京：人民邮电出版社，2014.